DON BOSCO
VERLAG

Jakobine Wierz

Kinder erleben große Bildhauer

DON BOSCO

Folgende Abbildungen von Skulpturen liegen dem Buch bei:
David und Der Atlant, Die Schwätzerinnen, Pavian mit Jungem, Eine Zeichenmaschine, Nana, Strawinskybrunnen, Anhäufung von Kannen, Die Katze, Verhüllter Reichstag in Berlin.

Die Deutsche Bibliothek – CIP-Einheitsaufnahme

Ein Titeldatensatz für diese Publikation ist
bei Der Deutschen Bibliothek erhältlich.

1. Auflage 2001 / ISBN 3-7698-1230-1
© 2001 Don Bosco Verlag, München
Umschlag: Margret Russer
Fotos und Illustrationen: Jakobine Wierz
Notensatz: Nikolaus Veeser, Schallstadt
Abbildungen der Kunstwerke mit freundlicher Genehmigung von Verwertungsgesellschaft Bild-Kunst (S.15, S.33, S.57, S.73, S.87, S.101), Musée Rodin (S.111) und Wolfgang Volz (S.120).
Satz und Layout: undercover, Augsburg
Druck und Weiterverarbeitung: Druckerei Gebr. Bremberger, München

Gedruckt auf umweltfreundlichem Papier

INHALT

KEINE ANGST VOR DER SKULPTUR

Ein Kunstwerk muss mehr sein, als über es gesagt werden kann und das Anschauen mehr als der sinnliche Zutrag vorgegebener Begriffe. Michael Bockemühl, 1985

Wenn es um Kunst für Kinder geht, wird die Skulptur bisher leider immer recht stiefmütterlich behandelt. Dabei braucht man weder Bildhauer, Steinmetz, Keramiker, Schnitzer noch Kunstprofessor zu sein, um sich an das spielerische ganzheitliche Erleben einer Skulptur und ihres Schöpfers mit Kindern heranzuwagen.

Mit diesem Buch soll Erzieherinnen und Lehrkräften, Eltern und allen, die in der Kinderkulturarbeit tätig sind, die Angst vor der Skulptur und dem plastischem Gestalten genommen werden. Dabei geht es gleichzeitig um die Vermittlung der Bildhauerpersönlichkeiten, ihrer Techniken und Arbeitsweisen.

Menschen sind Tag für Tag mit dreidimensionalen Objekten konfrontiert. Jedermann hantiert im Alltag unbewusst mit Skulpturen. Sie versehen diese Aussage mit einem großen Fragezeichen? Dann kann Ihnen an dieser Stelle Marcel Duchamp die richtige Antwort geben: Er nahm die Dinge des Alltags aus ihrem Zusammenhang heraus und stellte sie in eine Vitrine. Damit wurde den Alltagsgegenständen eine neue Bedeutung verliehen, da sie nun in einem neuen Kontext präsentiert wurden. So einfach ist das mit Skulpturen, man muss nur ein Auge für sie bekommen. Dieses Buch soll dabei behilflich sein, die eigene Wahrnehmung und die der Kinder zu schärfen.

Dazu werden unterschiedliche Bildhauer/-innen, deren Motivation und Techniken vorgestellt. Darüber hinaus bietet dieses Buch ein reichhaltiges Angebot zum spielerischen, ganzheitlichen, kreativen Erleben der Künstler und ihrer Techniken, so dass Kinder die Möglichkeit haben, Skulpturen mit allen Sinnen zu erleben. Ebenso wird der Bedeutung der unterschiedlichen gestalterischen Techniken für die kindliche Entwicklung Rechnung getragen. Da plastisches Gestalten immer einen Aspekt des Veränderns, Verfremdens, Erfindens, Entdeckens, Experimentierens, Suchens und Sammelns darstellt, ist ein solches Arbeiten immer auch Kreativitätsförderung. Dabei steht dieser Begriff in enger Verbindung zu Spontaneität, Originalität, Assoziationsfähigkeit, Flexibilität und Sensibilität. Der Inhalt des Buches dient gleichzeitig als Leitfaden auf dem Weg zu einer kreativen Persönlichkeit.

Skulpturen und die Gesellschaft

Tagein und tagaus gehen wir an ihnen vorbei. Lassen sie links liegen. Beachten sie nicht, wo sie uns doch alt vertraut sind. Wir akzeptieren sie. Die Rede ist von Plastiken und Skulpturen. Nur ab und zu, wenn wieder einmal Geld für ein dreidimensionales Gebilde von der Kommune investiert wird, um einen Platz, einen Park oder eine Fassade zu verschönern, empören sich kurzfristig die Gemüter. Dabei geht es vorwiegend um die nicht einsehbare Dringlichkeit eines solchen Objektes. Zweitens lässt sich bekanntlich über Geschmack streiten.

Mit dieser Einstellung haben nicht nur wir in unserer heutigen Gesellschaft zu kämpfen, sondern auch schon frühere Epochen, von den Griechen bis heute. Hätte man aufgrund der Einwände auf dreidimensionale Objekte verzichtet, so könnte man heute nicht durch mit Statuen ausgeschmückte barocke Parkanlagen schlendern. Kirchen schmückten sich schon immer im inneren als auch im äußeren Bereich mit Skulpturen. Viele Brunnen wären ohne Figuren nicht denkbar. Auf Friedhöfen werden noch heute zu Ehren der Verstorbenen Werke von Bildhauern aufgestellt. Denkmäler, Ehrenmäler und dreidimensionale Kunst am Bau sind ohne die Bildhauerei undenkbar. Viele Urlaubsziele oder Ausflugsziele würden an Bedeutung verlieren, wenn nicht aus Stein oder Holz behauene stumme Zeitzeugen von Epochen, Geschichten, Personen oder Ereignissen berichten würden.

Oft zahlen wir Eintritt in Museen um uns kunstgeschichtlich zu bilden. Das ist wichtig und gut. Es ist schon selten genug, dass wir für einen solchen Ausflug in die museale Welt Zeit aufbringen. An diesem Ort sind häufig Objekte mit einem kleinen Schildchen „Bitte nicht berühren!" versehen. Dabei wäre es so wichtig, Kunstwerke *ganzheitlich erleben* zu dürfen. Doch sind wir uns der Tatsache überhaupt bewusst, dass es Kunstwerke gibt, die man ganzheitlich wahrnehmen kann? Die man ohne Erlaubnis einfach anfassen darf, obgleich man keinen Pfennig dafür zahlen muss, weil sie einen immer umgeben? In Museen stellt sich oft die Frage: Ist Kunst für den Menschen gemacht oder für das Museum? Ganz anders verhält es sich bei Kunstwerken im öffentlichen Bereich. Dort haben wir in freier Natur „ein Museum", das wirklich noch für die Menschen da ist. Hier haben wir die Möglichkeit mit dreidimensionalen Objekten direkt in Kontakt zu kommen und mit ihnen zu leben. Hier darf man sie anfassen, sie benützen, auf ihnen sitzen, sie „taktil und auditiv" wahrnehmen. Es gibt keine alltäglichere Situation um sich mit Kunst anzufreunden. Voraussetzung ist natürlich, dass man sich auf diese Weise auf Kunst einlassen möchte.

Manche Kindertagesstätten haben bereits erkannt, dass Kunstwerke im Außenbereich eine sinnvolle Ergänzung zur ästhetischen Erziehung darstellen können. Sie tragen gleichzeitig der allzu großen Infantilisierung Rechnung, ohne dabei die Interessen des Kindes aus dem Auge zu verlieren. Kunst am Bau in Kindergärten dient somit der spielerisch ästhetischen Erziehung des Kindes als auch der Öffentlichkeitsarbeit und dem immer wieder zu reflektierenden Einrichtungsprofil.

Skulpturen und Kinder

Kinder kommen mit Skulpturen immer sehr schnell in Kontakt – sei es im Kindergarten, im Park oder auf einem Platz. Es dauert nie lange, bis sie die behauenen Steine oder Figuren am Brunnen oder im Park ins Spiel integrieren und sie als Spielpartner mit einbeziehen. Von Kindern wird die öffentliche Kunst geschätzt, da sie ihnen die Möglichkeit gibt, sich taktil und fantasiereich zu erproben. Oder haben sie sich als Kind nie hinter einer Skulptur in einer Fußgängerzone versteckt oder auf einer Skulptur herumgeturnt? Besonders beliebt bei Kindern sind Skulpturen an Brunnen und Wasserbecken aus denen das Wasser spritzt. Skulptursteine dienen als Sitzgelegenheit. Plastiken im Park regen die Fantasie an. Kindern fällt es nicht schwer, über sie Geschichten zu erfinden und sich von ihnen in entfernte Epochen entführen

zu lassen. Barocke Figuren in einem Park regen zum Rollenspiel an, Reiterstandbilder inspirieren zu Ritterspielen und religiöse Kunst macht für Kinder christliche Figuren sichtbar und erleichtert den Zugang zu religiösen Fragen. All diese Aktivitäten machen Kindern Skulpturen *begreifbar*. Sie begreifen spielerisch ganzheitlich mit Kopf, Herz und Hand. Erwachsene sind durch die Säkularisierung des Denkens, durch Technisierung, Rationalisierung und Leistungsprinzip und die Trennung der Schule vom Leben oft nicht mehr in der Lage, Kunst wirklich zu erleben und mit allen Sinnen zu genießen.

Skulpturen fördern die Kreativität

Wahrnehmung und Fantasie werden von Skulpturen angeregt, wenn sie Anlass zu eigenem kreativen Gestalten geben. Man denke nur an die unterschiedlichen formgebenden Techniken des plastischen Gestaltens und an die vielfachen Möglichkeiten des spielerisch kreativen Erlebens eines dreidimensionalen Objektes. Im freien Gestalten wird Kindern die Möglichkeit geboten, unterschiedliche formbare Materialien kennen zu lernen und sie zu erproben. Dabei können Kinder nonverbal Inhalte individuell thematisieren und sich mit ihrer Lebenswirklichkeit auseinandersetzen. Wenn Kinder eine Skulptur erstellen, schaffen sie ein Objekt, das auf ihrer eigenen Fantasie beruht und vorher noch nicht existent war. Wenn es darum geht Kreativität zu fördern, ist das abstrakte, freie und kreative Experimentieren mit unterschiedlich formbaren Materialien ein wichtiger Gesichtspunkt. Diesem soll auf den folgenden Seite Rechnung getragen werden. Dazu ist es jedoch wichtig, das Schablonendenken vieler Bastelanleitungen zugunsten des freien experimentellen Gestaltens aufzugeben. Nur dadurch wird das Kind die vielfältige Verwendung der Materialien kennen lernen, anstatt Vereinheitlichung zu erfahren. Gestaltungsdiktate hemmen den freien Umgang mit Materialien und letztlich die Fantasietätigkeit. Gut und schlecht, richtig und falsch haben hier keinen Platz. Somit gilt auch für Erzieherinnen, sich offen und mutig auf die verschiedenen Materialien einzulassen und sie gemeinsam mit Kindern experimentell zu erfahren, ohne ein bestimmtes Endprodukt vor Augen zu haben. Nur so kann dreidimensionales Gestalten ein Ansatzpunkt zur Kreativitätsförderung sein.

Die Skulptur und die Wahrnehmung

Skulpturen zu betrachten und zu erstellen, hat immer etwas mit Wahrnehmung zu tun. Insbesondere werden dabei die visuelle und taktile Wahrnehmung gefördert. Die Hände sind das wichtigste Tastorgan des Menschen. Mit ihnen stellen wir den „hautnahen" Kontakt zu unserer Umwelt her. Mit den Händen greifen wir, berühren wir, packen wir zu und halten wir fest.

Berühren heißt aber auch, von Dingen berührt zu werden. Dadurch nehmen wir Konsistenzen, Temperaturen, Oberflächenstrukturen, Gewicht etc. wahr. Gerade in der Auseinandersetzung mit Skulpturen wird die enge Verbindung von taktil-haptischen Erfahrungen durch das Produzieren mit dem Material oder das Betasten einer Skulptur und der visuellen Erfahrung deutlich. Blinde Menschen sind uns dabei sicher überlegen. Dies wird uns bewusst, sobald wir beim Berühren einer Skulptur oder eines Materials die Augen schließen. Dieses Schließen der Augen lehrt uns ein neues, intensiveres Sehen. Mit verschiedenen Materialien konfrontiert zu werden, sie zu berühren, mit ihnen zu gestalten heißt somit auch besser zu „begreifen".

Kinder, Künstler und Epochen

Kinder und Kunstgeschichte passt das zusammen? Dabei kommt es insbesondere auf die Vermittlung an. Kinder lieben Geschichten von Abenteurern und ihren Erlebnissen. Künstler sind Abenteurer und ihre Leben kann spannend sein wie ein Abenteuerroman. Erkennt man, dass Kunstgeschichte sich immer um fremde Welten und Epochen dreht und „abenteuerliche",- außergewöhnliche Künstler die Hauptdarsteller sind, so fällt das vermitteln ihres Lebens nicht schwer. Bilder und Skulpturen aus ihrer Hand bebildern und dokumentieren ihren Lebensweg und zeigen gesellschaftliche Entwicklungen ihrer Lebzeiten auf. Somit sind Bilder und Skulpturen für Kinder „lesbare" Künstlerbiographien und gesellschaftliche Abenteuerromane. Kinder und Kunstgeschichte sind zwei Bereiche, die gerade deshalb gut miteinander harmonieren, da Kunstgeschichte immer historische, personelle, gesellschaftliche und technische Geheimnisse in sich birgt. Sie stellen Herausforderungen für die kindliche Fantasie dar und lassen Skulptur und Künstler zu lebendigen Freunden werden. Die Beschäftigung mit Kunstgeschichte und Künstlerschicksalen besteht für Kinder im Erleben von gesellschaftlichen Entwicklungen, die ihre Spuren im Kunstwerk hinterlassen haben. Deshalb ist kunstgeschichtliche Betrachtung mit Kindern weniger eine Sache von kritisch rationaler Betrachtung, als ein vorurteilsfreies Umgehen mit großer Kunst durch das kreative und ganzheitliche Erleben und „Lesen" von Kunst. Nur so steigt Kunst vom Sockel und wird für Kinder be-greif-bar.

Über den Gebrauch des Buches

Jedes der folgenden Kapitel des Buches ist einem Künstler und seiner bildhauerischen Technik gewidmet. Dabei stehen immer ein bis zwei Objekte im Mittelpunkt der Betrachtung. Jedes Kapitel beinhaltet eine kurze theoretische Einführung und einen ausführlichen praktischen Teil mit zahlreichen Angebotsvarianten, welche die Künstler, Skulpturen und Techniken für Kinder lebendig werden lassen.

Zunächst wird immer der Künstler und sein Werk vorgestellt, bevor die Bedeutung der jeweiligen Technik für die kindliche Entwicklung erläutert und praktische Tipps zu den Materialien gegeben werden. Anschließend folgen lernzielorientierte Angebote zum Erleben der Skulptur des Künstlers und seiner bildhauerischen Arbeit. Die Angebote sind jeweils so beschrieben, als seien die Bildhauer selbst bei der Arbeit anwesend oder hätten diese Arbeiten so ausgeführt.

Zum Umgang mit dem beigefügten Bildmaterial

Dem Buch wurden die im Folgenden beschriebenen Kunstwerke als herausnehmbare Farbdrucke beigefügt. Dieses Bildmaterial kann auf verschiedene Weise in einer Kindergruppe genutzt werden. Dazu an dieser Stelle einige Vorschläge zur Realisierung:

♣ im Stuhlkreis reihum betrachten
♣ in die Mitte des Sitzkreises auf den Boden legen
♣ an einer gut sichtbaren Stelle zum mehrmaligen Betrachten aufhängen
♣ zu einem Puzzle zerschneiden
♣ als Zentrum eines Mandalas nutzen
♣ Teile des Bildes bei der ersten Betrachtung abdecken: Rätsel
♣ als Teil einer Collage nutzen

Auf jeden Fall sollten die Kinder genügend Zeit haben, das Werk in Ruhe zu betrachten, sich durch Beschreiben dessen, was sie sehen, dem Kunstwerk zu nähern. Jeder hier vorgestellten Kunstbetrachtung sind deshalb drei wiederkehrende Fragen vorangestellt, denen zum Einstieg stets Rechnung getragen werden sollte:

♣ Beschreibt, was zu sehen ist.
♣ Was fällt besonders daran auf?
♣ Was gefällt dir / gefällt dir nicht?

MICHELANGELO:
DAVID UND DER ATLANT

Der Künstler und sein Werk

Am 6. März 1475 wurde Michelangelo Buonarroti in der toskanischen Stadt Caprese bei Arezzo geboren. Michelangelo wuchs auf dem Gut der Familie in Settignano bei Florenz auf. Dort gab es viele Steinbrüche in denen die dort lebenden Männer ihren Lebensunterhalt verdienten. So lernte Michelangelo schon früh mit Hammer und Meißel umzugehen. Er behauptete von sich selbst, er habe die Bildhauerei schon mit der Muttermilch eingesogen. So griff er im Alter von 15 Jahren schon zu Meißel und Klöpfel, um sich in der Bildhauerei zu üben. Bei vielen berühmten Bildhauern und Malern ging er seit seinem 13. Lebensjahr in die Lehre. Diese bestätigten ihm alsbald sein außerordentliches Talent und förderten es. Michelangelo wuchs zu einem jungen Mann heran, der die Kunst der Malerei, der Architektur, der Bildhauerei und der Dichtkunst in sich vereinigte. So entsprach das Können, das Genie Michelangelos den Fähigkeiten, welche die Hochrenaissance schätzte und in seiner Individualität verehrte. Aus dem jungen Mann wurde einer der größten Künstler aller Zeiten. Dieser Meinung war auch der kunstsinnige Herrscher von Florenz, Lorenzo de' Medici, der Michelangelo bat, bei ihm im Palast zu leben und für ihn zu arbeiten. Als jedoch Lorenzo am 8. April 1492 starb und Piero de' Medici sein Nachfolger wurde, erlosch das Interesse der reichen Medicis an Michelangelos Können. Michelangelo beschloss, sich weiter zu bilden und nutzte die folgende Zeit zum Studium der menschlichen Anatomie. Zu diesem Zweck sezierte er Leichen. Anlass dazu war einerseits die Wiederentdeckung der Antike und ihrer Skulpturen und andererseits die Erkenntnis, dass für die Darstellung des menschlichen Körpers, das Wissen um sein Muskelspiel, seine Bewegungen, seine Drehungen, kurz seine Anatomie, eine große Rolle spielte. So wurde der nackte Körper in der Renaissance ähnlich wie in der Antike zum Schönheitsideal, wenn es um die Frage der Darstellung des Menschen ging. Da sich am nackten Körper am eindrucksvollsten Maß, Proportion, Harmonie und Bewegung demonstrieren ließen, stellte Michelangelo ohne Scheu und religiöse Hemmungen den nackten Menschen in den Mittelpunkt seines künstlerischen Schaffens. Wen wundert es da, wenn er ein 4,34 m hohes Standbild des nackten biblischen Helden David als Auftragsarbeit meißelte, welches als Sinnbild von Freiheit, Mut und Tugend vor dem Palazzo Vecchio, dem Florenzer Rathaus, aufgestellt wurde.

1505 wird Michelangelo von Papst Julius II. mit der Errichtung eines monumentalen Grabmals beauftragt. Das Grabmal sollte aus 40 Skulpturen bestehen und Michelangelo war begeistert. Um für die Figuren den besten Marmor auszusuchen, reiste Michelangelo selbst nach Carrara und blieb acht Monate in den dortigen Steinbrüchen. Zurück in Rom hatte Papst Julius II. kein Interesse mehr am Grabmal, sondern beauftragte Michelangelo mit der Ausmalung der Sixtinischen Kapelle. Nur widerwillig fügte er sich dem Wunsch des Papstes. Er träumte von der Verwirklichung des Grabmales. Denn Michelangelo war davon überzeugt, dass sein Handwerk nicht die Malerei sei, sondern die Bildhauerei. Dennoch wurde die Ausgestaltung der Sixtinischen Kapelle einer seiner größten Erfolge. Sowohl die Familie Medici als auch die folgenden Päpste bedachten Michelangelo immer wieder mit neuen Aufträgen. Von Papst Paul III. wurde Michelangelo am 2. Januar 1547 zum leitenden Architekten der Peterskirche in Rom ernannt. Am 18.2.1564 starb Michelangelo in Rom und wurde in der Kirche Santa Croce in Florenz beigesetzt.

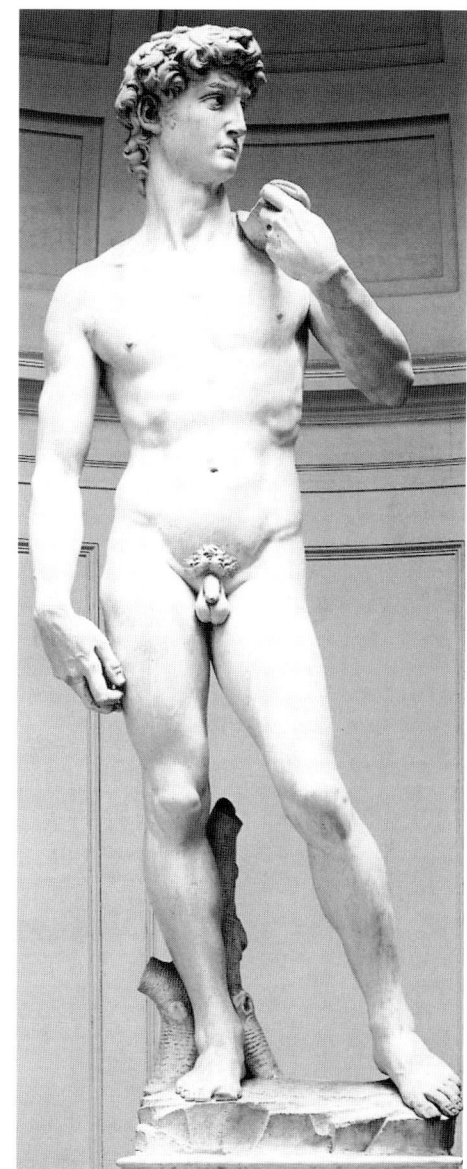

„David" und „Der Atlant"

(1501–1504 Marmor, Höhe 434 cm Florenz,
Galleria dell Accademia,
1519–1530 Marmor, Höhe 277 cm, Florenz,
Galleria dell Accademica)

1501 erhält Michelangelo den Auftrag für
ein monumentales Standbild, welches später vor dem Florenzer Rathaus aufgestellt
werden sollte. Die Statue sollte die Tugen-
den des Mutes und der Tapferkeit symbolisieren. Michelangelo meißelte eine riesige
4,34 m große David-Skulptur aus dem
schmalen Marmorblock, den man ihm zu
Verfügung stellte. Es handelte sich bei dem
riesigen Stein um einen verhauenen Marmorblock der Dombauhütte (Steinmetz-
werkstatt des Domes), den vorher schon
andere Bildhauer verschmäht hatten. Lange Jahre zuvor hatte ein anderer Steinmetz
schon einmal diesen Stein bearbeitet und
war schon im Anfangsstadium daran ge-
scheitert. Der Block war hoch, sehr flach
und hatte viele Mängel, die das Behauen
des Steines erschwerten. Dennoch gelang
es Michelangelo, daraus ein Meisterwerk
zu schaffen. Aus dem schwer zu bearbeitenden Stein erwuchs der Hirtenjunge David, der laut biblischen Berichten den Riesen Goliath getötet hat. Michelangelo stellte den Kämpfer David in Anlehnung an die
antiken Skulpturen nackt dar. Voraussetzung für die Darstellung des nackten
Körpers waren langjährige Sezierstudien

Michelangelos, die es ihm ermöglichten
sein Wissen über Proportion, Harmonie
und Muskelspiel zu demonstrieren. Da in
der Renaissance nicht mehr nur Kirchen,
sondern auch die Gesellschaft zum Auf-
traggeber der Kunst wurde, hatte Miche-

langelo die Möglichkeit, ohne religiöse Hemmungen den nackten Menschen in den Mittelpunkt seines Schaffens zu stellen. Für ihn und seine Epoche ist Nacktheit Symbol von Göttlichem, paradiesischer Unschuld und Schönheit. Die Größe der David-Statue und das damit verbundene gestalterische Können Michelangelos, das richtige Maß und die richtigen Proportionen und Bewegungsmuster zu erarbeiten, machen die in Stein gemeißelte Präsentation von Mut, Tugend und Tapferkeit möglich. Michelangelo stellt den David kurz vor dem Kampf mit Goliath dar. David trägt eine Steinschleuder über der Schulter und steht mit herausfordernder und dennoch entspannter Pose da. Dies erreicht Michelangelo durch eines seiner typischen Stilmerkmale – dem Contrapposto. Es handelt sich dabei um eine Körperhaltung bei der das Gewicht der Figur vorwiegend auf einem Bein ruht. Es gibt dementsprechend ein Standbein (durchgedrücktes Bein) und ein Spielbein (angewinkeltes Bein). Durch diese Gewichtsverlagerung erhält der Körper eine S-Form.

Ein weiteres Stilmerkmal Michelangelos ist die Art mit dem Meißel umzugehen. Er selber behauptete, Bildhauerei sei die Kunst, durch Wegnehmen etwas hervorzubringen. Dabei liebte er es, wenn seine Kunstwerke noch Spurrillen seiner Werkzeuge aufzeigten.

Sehr deutlich wird dies an seinen unvollendeten Figuren, wie z. B. an der Skulptur des Atlanten. Der Atlant gehört zu 40 Statuen, die zur Errichtung des Grabmals von Papst Julius II. entstehen sollten. Als Atlant bezeichnet man eine männliche Figur, welche die Last z. B. eines Gebäudes auf dem Rücken trägt. Der Name stammt aus der griechischen Mythologie. Danach ist Atlas eine griechische Sagengestalt, welche stützende Säulen auf dem Rücken trägt, die den Himmel halten. Nach ihm wurde auch das Kartenwerk, der sogenannte Atlas, bezeichnet. Gerade an den noch kaum behauenen Stellen des Atlanten lassen sich deutlich die Rillen und Furchen der unterschiedlichen Werkzeuge erkennen. Bei seinen Skulpturen ist Michelangelo bemüht, Fleisch aus Stein heraus zu modellieren. Dazu nutzt er gerne den Unterschied zwischen den hochpolierten Oberflächen (Gesicht, Körper etc.) und der Rauheit des ursprünglich belassenen Marmorblocks (z. B. als Haar). So entsteht der Eindruck, Michelangelo habe mit dem Meißel gemalt. Auch sein David vermittelt diesen Eindruck.

Die meisten Werke von Michelangelo befinden sich in Italien. Möchte man sich seine Skulpturen ansehen, lohnt sich eine Reise nach Florenz oder Rom zu unternehmen. Beide Städte bergen in ihren Museen und Kirchen den größten Skulpturenschatz Michelangelos.

Angebote zu den Skulpturen „David" und „Der Atlant"

Die biblische Geschichte von David und Goliath

Vor langer Zeit belagerten sich zwei Völker: Das Volk der Israeliten und das der Philister. Als sie sich eines Tages rüsteten und gegeneinander in den Kampf ziehen wollten, trat aus der Reihe der Philister ein Mann heraus, er war riesengroß und trug einen Helm auf dem Kopf. Seine Brust wurde von einem Schuppenpanzer geschützt, seine Beine waren fest geschient und auf dem Rücken trug er einen Wurfspieß. Er war ein echter Kriegsmann. Goliath war sein Name. Er forderte die Israeliten mutig zum Kampf heraus. Er rief das Volk der Israeliten auf, einen tapferen Mann aus ihrem Volk auszuwählen, welcher sich traute sich mit ihm zu messen. Würde dieser ihn besiegen, so wären die Philister die Untertanen der Israeliten. Würde allerdings er den Israeliten besiegen, so sollten die Israeliten die Knechte der Philister sein. Als die Israeliten diese Worte aus dem Mund des Riesen Goliath hörten, erschraken sie und flohen. Der König der Israeliten wusste nur einen einzigen Ausweg: Er musste einen mutigen Mann in seinen Reihen finden, der bereit wäre, gegen Goliath anzutreten. Er versprach, denjenigen reich zu machen und ihm seine Tochter zur Frau zu geben. Davon hörte ein junger Hirte namens David, dessen Brüder mit den Israeliten in den Kampf gezogen waren. Er war entschlossen gegen Goliath anzutreten. Zwar glaubte niemand der Israeliten wirklich daran, dass David Goliath besiegen könne, dennoch hofften sie, dass er mit Gottes Hilfe Goliath bezwingen könne. Dazu kleidete man David in eine Rüstung, setzt ihm einen Helm auf sein Haupt und gab ihm ein Schwert. David, der nur leichte Kleidung gewohnt war, vermochte sich nicht in der Rüstung zu bewegen. Deshalb legte er sie wieder ab, nahm fünf glatte Steine aus dem Bach und legte sie in seine Hirtentasche. Dann nahm er seine Steinschleuder in die Hand und trat Goliath entgegen. Der Riese war verärgert, als er sah, wen man ihm als Gegner anbot und glaubte ein leichtes Spiel zu haben. Doch er wusste nicht, dass Gott mit David war. Als beide aufeinander zuschritten, nahm David einen Stein aus seiner Tasche, schleuderte ihn Goliath entgegen, traf ihn an der Stirn und der Riese fiel zu Boden. So überwand David Goliath und schlug die Philister in die Flucht.

Fragestellungen bei der Betrachtung des David und des Atlanten

♣ Beschreibt, was zu sehen ist.
♣ Was fällt besonders daran auf?
♣ Was gefällt dir / gefällt dir nicht?
♣ Was denkt David gerade?

♣ Warum hat David keine Kleidung an?

♣ Welche Kleidung möchtest du David anziehen?

♣ Packe einen Koffer für David, was müsste darin alles enthalten sein?

♣ Stelle dir einmal Davids Wohnhaus vor. Wie sah es wohl aus?

♣ Was würde uns David heute erzählen wollen, wenn er reden könnte?

♣ Warum hat der Atlant keinen Kopf?

♣ Was trägt der Atlant wohl auf seinen Schultern?

♣ Warum glaubst Du, hat Michelangelo den Atlanten nicht fertig gestellt?

♣ Wie könnte das Gesicht des Atlanten aussehen?

Kinder stellen David und den Atlanten pantomimisch dar
Material: Flöte

Die Kinder bewegen sich ruhig und ohne Musik im Raum. Die Erzieherin hält eine Flöte in der Hand. Spielt sie einen hohen Ton, so stellen alle Kinder pantomimisch den David dar. Spielt sie einen tiefen Ton auf der Flöte, stellen alle Kinder pantomimisch den Atlanten dar.

Kinder erleben die Contrappostostellung
Material: Tapete oder Makulaturpapier, dicker Bleistift, Klebeband

Die Kinder werden auf die Stand- und Spielbeinhaltung des David aufmerksam gemacht. Sie werden aufgefordert diese einmal nachzustellen. Dazu postieren sie sich vor dem Makulaturpapier, welches vorher an der Wand befestigt wurde. Nun darf ein anderes Kind die Umrisse des in Pantomime stehenden Kindes auf dem Makulaturpapier festhalten, indem es dessen Körperhaltung mit dem Stift umfährt. Man kann anschließend tatsächlich beobachten, dass diese Körperhaltung dem Buchstaben S ähnelt.

Kinder bauen eine Steinschleuder
Material: eine handliche Astgabel, ein elastisches Band oder Gummi, als Munition Kieselsteine, getrocknete Erbsen oder Papierkügelchen.

Für die Steinschleuder wird eine Y-förmige Astgabel benötigt. Zwischen den beiden Ästen wird das elastische Band befestigt. Nun wird der Gummi mit der Munition nach hinten gespannt und anschließend losgelassen. *Vorsicht:* Nie auf Personen zielen!

Besuch eines Bildhauers oder eines Steinmetzes
Ein Besuch bei einem Bildhauer kann für Kinder zu einem besonderen Erlebnis werden. Vor Ort können die Kinder in diesem Moment erleben wie Michelangelo gear-

beitet hat. Erkundigen Sie sich, ob es in Ihrer Nähe einen Bildhauer gibt. Wenn nicht, wäre der Besuch bei einem Steinmetz ratsam. Viele Steinmetze haben ihre Werkstatt in der Nähe eines Friedhofes, da sie heute größtenteils Grabsteine bearbeiten.

Michelangelo beschafft sich Steinmaterial

Michelangelo wächst als Kind in einer Gegend Italiens auf, in der es viele Steinbrüche gibt. Jeden Tag schaut er den Männern zu, wenn sie in den Steinbrüchen ihre Arbeit verrichten. Oft sitzt er dabei und beschäftigt sich mit den Gesteinsresten der großen Steinblöcke. Dabei ist es ihm besonders wichtig, Steine genau kennen zu lernen. Um sie zu erkunden, sortiert er sie.

Besuch eines Steinbruches
Einen Steinbruch zu besuchen kann für Kinder sehr spannend sein. Sie entdecken gerne und dazu gibt es in Steinbrüchen viele Möglichkeiten. Die unterschiedlichen Formen, Farben, Oberflächen und Größen animieren Kinder zum Forschen und Experimentieren. Es muss jedoch nicht immer ein Steinbruch sein. Oftmals werden Kinder auch schon an Baustellen fündig. Achtung: In beiden Fällen ist Aufsichtspflicht geboten! Für die Kinder ist es wichtig, Steine sammeln zu dürfen und diese als kleine Kostbarkeiten mit nach Hause zu nehmen. Dort können sie anschließend sortiert oder weiter bearbeitet werden.

Der künstliche Steinbruch
Material: eine große Wanne, Sand und viele unterschiedliche Steine, Tuch

Die Wanne wird mit Sand gefüllt. Darin werden viele unterschiedliche Steine versteckt. Die Kinder sollen nun die verschiedenen Steine ausgraben. Das Ausgraben kann besonders spannend sein, wenn die Augen verbunden sind. Die Aufgabe besteht dann nicht mehr nur im Entdecken sondern auch im Beschreiben dessen, was gefunden wurde. Die Kinder beschreiben, wie sie sich den gefundenen Stein vorstellen.

Michelangelo erkundet sortierend Gestein
So wie Michelangelo seine Steine sortiert und erkundet, können die Kinder es ihm gleichtun:

- ♣ Michelangelo sortiert Steine nach Farben.
- ♣ Michelangelo sortiert Steine nach hellem / dunklem Aussehen.
- ♣ Michelangelo sortiert Steine nach der Größe.

♣ Michelangelo sortiert Steine nach ihrer Oberflächenbeschaffenheit: Dabei unterscheidet er rau, glatt, rund, eckig, spitz, kantig usw.

♣ Michelangelo sortiert Steine nach ihrem Gewicht: Er unterscheidet im Vergleich: Welcher Stein ist schwerer/leichter als jener?

♣ Michelangelo sortiert Steine nach ihrem Klang: Dazu lässt er die Steine aus einer bestimmten Höhe fallen und unterscheidet im Vergleich die Klänge. Dieser Stein klingt dunkler/heller als jener. Ab und zu versucht er auch, mit den Steinen eine Tonleiter zu erstellen.

Steinmeditation

Stell dir vor, du bist ein Stein hoch oben auf dem Gipfel eines Berges. Du hast einen wunderschönen Blick über ein weites Tal. Die Sonne bestrahlt dich. Dir wird ganz warm. Plötzlich gibt es einen Steinschlag. Du brichst mit vielen Ecken und Kanten vom Felsen und rollst und rollst bis hinunter ins Tal. Dort landest du im kühlen Gebirgsbach. Du machst es dir bequem in dem breiten Flussbett. Das kalte Wasser plätschert über dich hinweg. Deine Ecken und Kanten werden von der Kraft des Wassers abgerundet und geglättet. Dort unten in deinem kalten Flussbett findet dich ein Bildhauer. Er nimmt dich mit nach Hause und gestaltet eine wunderschöne Figur aus dir. Stell dir vor, wie diese Figur aussieht, die der Bildhauer aus dir formt; sei ganz und gar diese Figur und erwecke sie in deinen Träumen zum Leben.

Marmorkuchen

Das viele Steine-Sortieren machte Michelangelo oft sehr hungrig und weil er sich von den Steinen auch beim Essen nicht trennen wollte, war seine Lieblingsspeise Marmorkuchen.

Rezept: 500 g Mehl, 250 g Margarine, 250 g Zucker, 4 Eier, 2 Päckchen Vanillezucker, 1 Päckchen Backpulver, $\frac{1}{8}$ l Milch, 30 g Kakao

Die Zutaten miteinander vermischen und einen geschmeidigen Teig daraus rühren. Dann den Teig halbieren. Die eine Hälfte in eine bereits eingefettete Springform füllen. Die andere Hälfte weiter verarbeiten. Dieser Masse werden 30 g Kakao, 25 g Zucker und 5 Esslöffel Milch beigemischt. Ist die Masse gut verrührt, wird sie als zweite Schicht in die Springform gefüllt. Nun nimmt man eine Gabel und fährt mehrmals durch den Teig. So erhält der Kuchen seinen Marmoreffekt. Der Kuchen wird bei 220 Grad auf der mittleren Schiebeleiste 50 Minuten gebacken.

Ein kleiner Stein

War einmal ein kleiner Stein, …

2. Er möcht sein ein Zauberstein,
   tra la la la …
   War einmal ein kleiner Stein, …

3. Er möcht gern ein Glücksstein sein,
   tra la la la …
   War einmal ein kleiner Stein, …

4. Er möcht gern ein Schmuckstück sein,
   tra la la la …
   War einmal ein kleiner Stein, …

5. Er möcht gern eine Plastik sein,
   tra la la la …

Die Kinder können jederzeit weitere Strophen erfinden, was der Stein gerne sein möchte.

Im Notenbild sind Kreuze eingezeichnet. An dieser Stelle klopfen die Kinder im Rhythmus mit einem Stein auf den Boden.

Material: ein Stein für jedes Kind

Michelangelos Freunde erfinden Steinspiele

Nicht nur Michelangelo zog es zu den Steinbrüchen hin, sondern auch seine Freunde aus dem Dorf waren von diesem Spielplatz magisch angezogen. Immer wieder gaben gefundene Steine Anlass zu neuen Spielen:

Steinesammler

Material: viele Steine, Kreide oder ein weicher Stein

Mit einem weichen Stein oder mit Kreide wird ein Kreis von ungefähr zwei Metern Durchmesser auf den Boden gemalt. In den Kreis werden viele Steine gelegt. Ein Kind steht im Kreis. Es ist der Steinesammler und muss seinen Steinschatz verteidigen. Dabei darf es selbst den Kreis nicht verlassen. Die Aufgabe der anderen Kinder besteht darin, Steine aus dem Kreis zu entwenden. Erwischt der Steinesammler einen Dieb durch Abklatschen, so muss dieser ausscheiden. Gewonnen hat derjenige Mitspieler, der die meisten Steine entwendet hat ohne abgeschlagen zu werden.

Steinboccia

Material: dicker Stein, pro Spieler fünf kleine Steine der gleichen Farbe

Der dicke Stein wird mit Schwung geworfen. Er dient als Vorlagestein. Alle Mitspieler müssen nun versuchen, mit ihren Steinen so nahe wie möglich an den Vorlagestein heranzukommen. Gewonnen hat der Mitspieler, der die meisten Steine am nächsten an den Vorlagestein geworfen hat.

Zauberstein taktil erleben

Material: eine Kiste mit 15 Steinen, Tuch

Ein Kind sucht sich aus dieser Kiste einen wunderschönen Zauberstein aus. Das Kind schaut den Stein genau an. Es versucht ihn taktil zu erleben und wirft ihn dann in die Kiste zurück. Dann werden ihm die Augen verbunden. Durch das vorausgegangene taktile Erlebnis vermittelt der Stein dem Kind eine besondere Kraft. Es ist nun in der Lage seinen Zauberstein mit verbundenen Augen aus allen anderen Steinen herauszusuchen.

Steine bemalen

Material: Temperafarbe, Pinsel, Becher, Steine

Die Kinder wählen unter allen gesammelten Steinen die aus, die ihnen zum Anmalen am besten geeignet erscheinen. Dabei können Hilfestellungen gegeben werden: Wie sicht der Steine aus? Hat er die Form eines Tieres? Erinnert dich der Stein an etwas? usw. Haben die Kinder sich für einen oder mehrere Steine entschieden, kann das Malen beginnen.

Michelangelo bearbeitet Gestein

Michelangelo arbeitete am liebsten mit einem recht harten Stein, dem Marmor. Dafür machte er sich selbst auf den Weg nach Carrar. Dort gab es viele Steinbrüche für dieses Gestein. Bevor er jedoch als Bildhauer Marmor bearbeitet hat, musste Michelangelo viele bildhauerische Techniken, menschliche Körperhaltungen, Gestik und Mimik und vielfältige Materialien kennen lernen. Denn die unterschiedlichen Materialien lassen sich unterschiedlich gut plastisch bearbeiten. Im Folgenden werden verschiedene bildhauerische Möglichkeiten für Kinder vorgestellt.

Kinder arbeiten mit Stein

Steine begeistern Kindern schon in den frühesten Lebensjahren. Sie heben sie vom Boden auf, betasten ihre Form und Oberflächenbeschaffenheit oder wiegen sie mit ihren Händen ab. Viele stecken sie auch schon mal in den Mund, beißen auf ihnen herum, lutschen sie ab oder werfen sie mit hohem Schwung in die nächste Pfütze. Oft dienen Steine als Spielmaterial oder Bastelmaterial. Welches Kind hat nicht schon einmal im Rollenspiel Steine als Menü serviert oder aus Steinen wunderschönen Indianerschmuck hergestellt. Viele Kinder sammeln Steine, wobei insbesondere die verschiedenen Farben oder Formen begeistern.

Einen Stein zu verändern und sich dabei an seiner vorgegebenen Form zu orientieren, ist ein ganz besonderes Erlebnis für Kinder. Da viele die Gefahren im Umgang mit den Steinen und dem Werkzeug fürchten, wird die Bildhauerei jedoch weniger praktiziert. Dabei kann das Bearbeiten eines Steines sehr lehrreich sein. Wer einen Stein bearbeiten möchte, muss den schon bestehenden Block verändern und auf seine Beschaffenheiten und Eigenschaften eingehen. Der Widerstand des Steines schafft ganz neue Erfahrungen. Das gestalterische Bearbeiten spricht vorwiegend den emotionalen Bereich an und dennoch wird während der Bearbeitung auch der Geist gefordert. Denn der Stein geht während der Bearbeitung eigene Wege.

Das bedeutet, wer zu schnell oder zu kräftig mit dem Stein umgeht, kann ihn zum Reißen oder Zerspringen bringen. Es heißt also geduldig, behutsam und überlegt zu arbeiten. Somit lernen Kinder, dass die Schnelleren oder die Stärkeren nicht unbedingt auch die bessern Bildhauer sind, sondern Ausdauer und viel Zeit nötig ist, bis ein Stein zu einer Skulptur wird. Für das Bearbeiten empfiehlt es sich, einen weichen Stein auszuwählen. Speckstein (auch Seifenstein genannt oder wissenschaftlich formuliert Steatit) ist besonders gut für leichte bildhauerische Tätigkeiten mit Kindern geeignet. Die Härte von Materialien wird in der sogenannten Mohs'schn Härteskala von 1 bis 10 angegeben. Nach dieser Skala hat Speckstein die Härte 1 und gehört somit zu den weichesten Gesteinstypen. Durch seinen fettigen Charakter wird er für Kinder zu einem einzigartigen haptischen Erlebnis. Da es beim Gestalten mit Speckstein in erster Linie um das Erkennen und Assoziieren geht, fordert es das Denken in dreidimensionalen Kategorien geradezu heraus. Kinder lernen Formgefühl zu entwickeln. Dabei entsteht im Gegensatz zum Töpfern beim Arbeiten mit Speckstein ein dreidimensionales Gebilde nicht durch hinzufügen sondern durch Wegnehmen von überflüssigem Material. So erhält der Stein durch Reduktion von außen nach innen seine Gestalt. Gerade das Assoziieren dessen, was in dem Stein verbogen zu sein scheint, setzt ungeahnte Kreativität und Fantasie frei. Kinder werden schöpferisch tätig und vermeiden das Nachahmen von Schablonen. Auch das einfache drauflos Arbeiten ohne bestimmte Vorstellungen trägt dieser Tatsache Rechnung. Hier erfolgt der Assoziationsprozess im Verlauf des Bearbeitens, so dass sich das Endprodukt spontan während des Arbeitsprozesses ergibt.

Auch das Arbeiten mit Werkzeug, das zur Bearbeitung des Steins erforderlich ist, garantiert Kindern vielfältige Erfahrungen. Das Arbeiten mit Werkzeug der Großen erfüllt Kinder mit Stolz und Selbstsicherheit. Gleichzeitig stellt es aber auch eine hohe Anforderung dar. Dabei lernen Kinder Regeln im Umgang mit Werkzeug und deren Bedeutung für ihre Arbeit kennen. Für Kinder ist es leichter Regeln einzuhalten, wenn sie sich aus der Notwendigkeit der Handhabung des Werkzeugs erschließen lassen.

Das Bildhauerspiel

Es werden Zweier-Gruppen gebildet. Ein Kind spielt den Bildhauer Michelangelo. Das andere ist sein Material. Michelangelo formt nun aus dem Material eine Skulptur, eine Blume, ein Tier oder einen Gegenstand. Der Bildhauer gibt den Titel seiner Plastik nicht bekannt. Was Michelangelo gestaltet hat, muss von der Skulptur selbst erraten werden.

Michelangelo baut eine Skulptur aus Steinen

Material: viele verschiedene Steine, Alleskleber oder Heißklebepistole, Temperafarbe, Pinsel, Becher mit Wasser

Die Kinder setzen aus den verschiedenen Steinen Lebewesen zusammen. Mit Hilfe des Klebstoffes werden die Steine miteinander fixiert. Ist der Kleber getrocknet, kann die Steinfigur von den Kindern bunt angemalt werden.

Michelangelo gestaltet gefundene Steine

Material: viele unterschiedliche Steine, die zuvor gesammelt wurden, Werkzeug aus dem Haushalt, wie Nagelpfeile, Nagel, kleines Messer, Bohrer, Schraube, usw.

Die Kinder experimentieren mit dem Werkzeug und finden selbstständig heraus, welche Steine sich leichter und welche sich schwieriger bearbeiten lassen.

Haben die Kinder diese Erfahrung gemacht, so besteht die Aufgabe nun darin, in einen leicht zu bearbeitenden Stein ein kleines Muster einzuritzen.

Praktische Tipps zum Speckstein

Speckstein: Man erhält ihn in Hobby- und Bastelläden oder bei einem Hobbyversand. Es gibt ihn in vielen verschiedenen Farben (weiß, gelblich, rötlich, grau, braun, schwarz, grün), Maserungen und Strukturen. Damit sie beim Kauf über die Farbigkeit des Steines Gewissheit bekommen, nehmen Sie ein feuchtes Tuch mit und wischen damit vor dem Kauf über den Stein. So wird seine Farbe deutlicher. Durch Anritzen mit einem Nagel oder einer Schraube können sie prüfen, wie leicht der Stein zu bearbeiten ist. Es empfiehlt sich, Specksteine zu kaufen, die von allen Seiten eine gebrochene Ansicht aufweisen. Sie eröffnen eine größere Assoziations- und Gestaltungsfreiheit und geben Einblick in das Leben des Steins. Für die Bearbeitung von Kleinplastiken eignen sich Steine ab zwei Kilogramm. Für Objekte wie Schmuck, Handschmeichler etc. reichen kleine Reststücke. Diese gibt es im Versandhandel oftmals schon als gut sortiertes „Überraschungspaket".

Auch das Werkzeug zum Bearbeiten des Specksteines erhalten sie in Hobby- und Bastelläden, Baumärkten. Manches findet sich bereits im Haushalt. Die wichtigsten Grundwerkzeuge und Materialien und ihre Verwendung:

- ♣ Fuchsschwanz (Säge) zum Zerschneiden größerer Gesteinsblöcke
- ♣ Grobraspel um den Stein von groben Unebenheiten zu befreien
- ♣ Riffelraspel für die feinere Bearbeitung
- ♣ Feilenbürste oder Drahtbürste zum Reinigen der Riffelraspel
- ♣ Staubpinsel zum Abbürsten des Steinstaubes
- ♣ Schleifpapier zum Glätten des Objektes
- ♣ Stahlwolle zum Grobpolieren
- ♣ Bohnerwachs, Schuhcreme oder Nivea zum Feinpolieren. Der Stein erhält seine Farbe.
- ♣ Staubschutzmaske als Atemschutz. Beim Bearbeiten des Specksteines fällt viel Steinstaub an, es ist ratsam, auf die Staubmaske nicht zu verzichten.

Weitere Werkzeuge die aus dem Haushalt benützt werden können:
- ♣ alte ManiküRgeräte
- ♣ Schraubenzieher
- ♣ Nägel
- ♣ Schrauben
- ♣ Pinsel

Arbeiten mit Speckstein

Materialien: faustgroßes Stück eines Specksteins

Werkzeuge: s.o.

Bearbeitung:

1. Einen größeren Gesteinsblock mit dem Fuchsschwanz zerteilen.
2. Den Stein beobachten. Welche Form steckt wohl in ihm? D. h., sich in der Formgebung der Plastik dem Stein anzupassen und nicht umgekehrt.
3. Staubmaske anziehen.
4. Den Stein von groben Unebenheiten befreien (Grobraspel).
5. Es folgt die formgebende Bearbeitung (Feinraspel).
6. Glätten des grob bearbeiteten Steines (Schleifpapier).
7. Grobpolieren (Stahlwolle).
8. Feinpolieren (Schuhcreme). So erhält der Stein seine Farbenpracht.
9. Zwischendurch den Stein immer wieder mit dem Staubpinsel vom Staub befreien.

Raum: Zur Bearbeitung benötigt man Platz. Falls die Witterungsbedingungen es zulassen, sollte man im Freien arbeiten, da das Raspeln, Pfeilen und Schmirgeln mit viel Staub verbunden ist. Bleibt man dennoch im Raum, so kann man den Staubflug eindämmen, indem der Arbeitsplatz mit feuchten Tüchern oder feuchten Zeitungen ausgelegt wird.

Themen: Das Thema gibt der Stein vor. Durch genaues Betrachten kann man erkennen, welche Figur in ihm enthalten ist. Es ist also wichtig, mit dem Stein zu arbeiten und von außen nach innen die Skulptur aus dem Stein zu entwickeln.

Es kann auch ganz spontan drauflos gearbeitet werden. Dabei entwickelt sich vielleicht eine abstrakte Plastik, die ihre Form in der Struktur des Steines gefunden hat. Kinder haben eine große Assoziationsfähigkeit und erkennen meist ohne größere Probleme einen Gegenstand in der Form des Steines. Können sie nichts assoziieren, ist ein Handschmeichler ein leicht zu behauendes Objekt.

Arbeiten mit Ytong

Ytong ist ein sehr leichter Kunststein, der für Kinder einfach zu bearbeiten ist.

Material: Ytongstein (Kunststein) aus der Baustoffhandlung

Die wichtigsten Werkzeuge: Fuchsschwanz (Säge) zum Zersägen eines größeren Ytongsteines, Messer, Feile, Hammer, Meißel, Raspel, Schraubenzieher und andere Gegenstände aus dem Haushalt, mit denen geschabt, geritzt, gehobelt, gemeißelt und gebohrt werden kann, Atemschutzmaske

Themen: Gegenstände aus Flora und Fauna, Menschenköpfe, geometrische Formen, Figuren, Experimente

Bildhauern mit Seife

Material: ein Stück billige Seife, Nagel; kleines Küchenmesser ohne Zahnung

Seife ist ein weiches Material und kann deshalb von Kindern leicht mit einem Küchenmesser bildhauerisch bearbeitet werden.

In das Seifenstück wird, unter Einbezug der Gesamtfläche, durch Einritzen die Form der Plastik festgelegt. Anschließend wird die Figur schnitzend und schabend mit dem Messer bearbeitet. Auch hier muss, wie beim Arbeiten mit Stein, überschüssiges Material von außen nach innen entfernt werden, damit die Skulptur sich entwickeln kann.

Bildhauern mit Wachs

Ebenso wie Seife ist auch Wachs ein weiches Material, das von Kindern ohne größere Kraftanstrengung bildhauerisch bearbeitet werden kann. Die Arbeitsschritte entsprechen dem Bildhauern mit Seife.

Material: eine dicke weiße oder einfarbige Stumpen-Kerze, Nagel und ein kleines Küchenmesser ohne Zahnung

Bildhauern mit Fango
Material: Ausgangsmaterial ist das so genannte Fango der Fangopackungen, wie es in Massagepraxen verwandt wird. Fango ist ein Gemisch aus Paraffin und Lavaerde. Gebrauchte Fangomassen geben Masseure auf Anfrage kostenlos ab.
Des weiteren benötigt man alte Plastikflaschen, einen alten Topf, Tapetenmesser, Küchenmesser, Linolschnitzmesser, eine alte Säge und vielfältige Materialien mit denen man feilen, schleifen und raspeln kann.

Die vom Masseur erhaltene Fangomasse wird im Topf langsam zu einem Brei erhitzt. Während dessen werden die Hälse der Plastikflaschen abgeschnitten, um eine größere Öffnung zu erhalten. Anschließend füllt man die heiße Masse in die Plastikflaschen und lässt sie abkühlen. Dann wird die Plastikflasche seitlich aufgeschlitzt und der Fangokern aus ihr entfernt. Dieser wird nun mit Hilfe einer alten Säge halbiert. Jedes Kind erhält eine Hälfte des Fangokerns. Dieser lässt sich nun mit Hilfe der oben genannten Werkzeuge zu einer Skulptur verarbeiten.

Bildhauern mit einem Gemisch aus Gips und Sägemehl

Material: Gips, Sägemehl, Rührlöffel, alte Plastikschüssel, oben aufgeschnittene Tetrapacks

Sägemehl und Gipspulver werden zu gleichen Teilen in eine Schüssel gegeben. Dann wird vorsichtig Wasser darüber gegossen bis eine breiige Soße entsteht. Diese wird schnell in die offenen Tüten gegossen. Die Masse wird sehr rasch hart. Achtung, die Gipsreste nicht die Spüle hinunter kippen! Ist das Material nach einigen Stunden gehärtet, wird es aus den Tüten entfernt und kann von den Kindern mit Löffeln, kleinen Messern, Gabeln, Nagelfeilen etc. bearbeitet werden. Nach einigen Tagen ist das Material so hart wie Stein. Deshalb diesen Kunststein gleich am ersten Tag bearbeiten, wenn er noch etwas weicher ist.

Bildhauern mit Styropor

Material: Raspeln, Feilen, Styroporsäge

Styropor lässt sich mit Hilfe der oben genannten Werkzeuge sehr gut bearbeiten.
Die mit Hilfe der Styroporsäge ausgeschnittenen Teile können leicht gefeilt, geraspelt und bei Bedarf auch bemalt werden.

CAMILLE CLAUDEL:
DIE SCHWÄTZERINNEN

Die Künstlerin und ihr Werk

Camille wurde 1864 in Fere-en-Tardenois, Frankreich geboren. Mit vier Jahren zog sie mit ihrer Familie in einen Ort mit dem Namen Villeneuve-sur-Fere in der Champagne. Dort lebte sie mit ihren Eltern und Geschwistern Louise und Paul, als sie mit 12 Jahren ihr Interesse und ihre Begabung für Tonarbeiten entdeckte. Das Modellieren von Ton machte ihr so viel Spaß, dass sie beschloss Bildhauerin zu werden. Außer ihrem Vater brachte niemand Verständnis für ihren Entschluss auf. Denn für junge Mädchen aus gutem Hause war es üblich, Unterricht im Zeichnen, Handarbeiten oder in Musik zu erhalten um auf die spätere Rolle als Ehefrau, Mutter, Gastgeberin oder Gesellschafterin vorbereitet zu werden. Ein handwerklicher Beruf, mit dem ein junges Mädchen seinen eigenen Lebensunterhalt verdienen konnte, war unüblich. Dies zeigte sich auch darin, dass bis in das Jahr 1897 in Frankreich an der Kunstakademie keine Frauen aufgenommen wurden.
Doch Camille war so willensstark und von ihrem Talent überzeugt, dass sie sich mit ihrem Wunsch, Bildhauerin zu werden, in ihrer Familie durchsetzte. So zog die Familie 1881 nach Paris. Dort erhielt Camille die Chance, Schülerin des sehr renommierten Bildhauers Rodin zu werden. Camille hatte Erfolg und es dauerte nicht lange, bis sie eigene Werke ausstellen konnte. Rodin schätzte ihr Können und ließ sie an seinen Werken mitarbeiten. So entstand eine sehr enge Zusammenarbeit, aus der sich privat eine Liebe entwickelte. Doch Camille fühlte sich von Rodin vereinnahmt. Deshalb trennte sie sich von ihm und arbeitete allein weiter. Sie wurde bekannt und stellte ihre Werke auch im Ausland aus. Leider erhielt sie keine staatlichen Aufträge, durch die sie hätte Geld verdienen können um neues Arbeitsmaterial zu kaufen. Sie war mutlos und ohne weitere Schaffenskraft, denn sie wurde immer wieder an Rodin oder an ihrem mittlerweile berühmten Bruder Paul, dem Dichter, gemessen. Camille ging nicht mehr aus dem Haus. Auch auf Ausstellungen zeigte sie sich nicht mehr. Im Jahre 1913 starb ihr Vater, zu dem sie ein besonders inniges Verhältnis hatte. Dieses Ereignis verkraftete Camille nicht. Sie begann, ihre eigenen Arbeiten zu zerstören. Ihre Familie beschloss daraufhin sie in eine Anstalt zu bringen. In der Anstalt Montdevergues blieb sie bis ans ihr Lebensende 1943.

„Die Schwätzerinnen"

(ca. 1895 bis 1897, Bronze, 22,8 × 31,1 × 26,8 cm, Musée Rodin, Paris)

Eine Skulptur aus Camilles Spätwerk heißt „Die Schwätzerinnen". Es ist eine eher kleine Bronzeskulptur die auf einem Onyxstein angeordnet ist. Dargestellt werden vier Klatschbasen im Gespräch. Ungestört gehen die Frauen ihrer Lieblingsbeschäftigung nach. Ungestört sitzen sie eng beieinander. Sie stecken ihre Köpfe zusammen, klatschen, tuscheln und setzen Gerüchte in die Welt. Sie scheinen zu flüstern und dennoch glaubt man etwas von ihrem Geschwätz mithören zu können. Obgleich es sich um ein Objekt der Anschauung handelt, wird man hellhörig und spitzt die Ohren. Camille hat hier ein für sie sehr lebensnahes Thema aufgegriffen, denn unter nichts litt sie mehr als unter Klatsch. Die vier nackten Frauen wurden von Camille bis ins kleinste Detail modelliert. Sie steckte sehr viel Zeit in diese Skulptur. Dies beweisen mehrere zuvor entwickelte Ton und Bronzeentwürfe, die sich immer mehr der Bedeutung und dem Sinn der Skulptur annäherten – das scheinheilige Geschwätz von Klatschbasen so lebensnah wie möglich darzustellen.

Die Schwätzerinnen und viele andere Skulpturen Camilles kann man im Pariser Musée Rodin sehen und vielleicht, wenn man lauscht, hören. Viele andere Skulpturen Camilles sind in Privatbesitz und somit niemandem mehr zugänglich. Aber auch in Deutschland gibt es die Möglichkeit Werke von Camille zu sehen. Eines heißt „Der Walzer" und ist in der neuen Pinakothek in München zu besichtigen.

Angebote zur Skulptur „Die Schwätzerinnen"

Fragestellungen bei der Betrachtung der Schwätzerinnen

♣ Beschreibt, was zu sehen ist.
♣ Was fällt besonders daran auf?
♣ Was gefällt dir / gefällt dir nicht?
♣ Über was unterhalten sich die vier Frauen?
♣ Welche der Frauen spricht, wer hört zu?
♣ Warum sitzen die Frauen in einer geschützten Ecke?
♣ Stellt dir vor du wärst eine dieser Schwätzerinnen, was wolltest du den anderen Frauen erzählen?
♣ Wodurch würden sich die Frauen in ihrem Geschwätz wohl stören lassen?

Rollenspiel zu den Schwätzerinnen

Vier Kinder übernehmen die Rollen der Schwätzerinnen und stellen sie pantomimisch nach.

Das Schwätzerinnen-Spiel

Zwei bis vier Kinder spielen die Schwätzerinnen und ein weiterer Mitspieler ist ein Lauscher. Die Schwätzerinnen versuchen immer einen Ort zu finden, an dem sie ihre Vertraulichkeiten ungestört austauschen können. Das bedeutet, dass sie sich während des Spieles tuschelnd unterhalten müssen.

Der Lauscher schleicht sich immer an, um etwas mit zu bekommen. Sobald er ein Wort verstanden hat, ist eine Gruppe entdeckt und das Spiel beginnt von vorn.

Anstöße zu Überlegungen (für Hortkinder)

♣ Was bedeuten die Begriffe schwätzen, tratschen, klatschen, Gerüchte in die Welt setzen?
♣ Wodurch entstehen Gerüchte?
♣ Was sind beliebte Gerüchtethemen?
♣ Welches Gerücht über dich fändest du besonders unangenehm?
♣ Wie kann man verhindern, das man am Entstehen eines Gerüchtes beteiligt ist?
♣ Hast du auch schon einmal getratscht und welche Folgen hatte dein Geschwätz?

Stille-Gerüchte-Post

Mehrere Kinder sitzen zusammen. Das erste erfindet einen Sachverhalt und flüstert ihn seinem Nachbarn ins Ohr. Dieser gibt das Gehörte an das nächste Nachbarkind. So geht es reihum. Der letzte sagt dann laut, was er gehört hat.

Klatschbasenspiel

Es bilden sich Gruppen von sechs Mitspielern. Zwei von ihnen ziehen sich zu einem fünfminütigen „Schwätzchen" (Interview) in eine ruhige Ecke zurück. Danach erzählt einer von beiden das Gehörte dem dritten Mitspieler, der dritte gibt das Gehörte an den vierten weiter… Der Sechste erzählt anschließend alles, was er von dem Berichteten im Gedächtnis behalten hat. Alle gemeinsam überprüfen nun, wie sich das von ihnen Erzählte verändert hat. Dabei ist natürlich der erste Mitspieler besonders gefragt, denn er kann genau sagen, was er dem zweiten Spieler im ersten Gespräch anvertraut hat.

Camille Claudel beschafft sich Tonmaterial

Als Camille ihr Interesse für das Gestalten mit Ton entdeckte, war sie ein kleines Mädchen und hatte noch kein Geld um sich Ton zu kaufen. Da Ton aus Erde besteht, beschloss sie, ihn einfach suchen zu gehen. Sie entdeckte sehr bald, dass sie Ton unter Gras oder Ackerboden finden konnte. Flussbette oder Hügel waren ebenso gute Fundorte. Sie entdeckte auch, dass der Ton je nach Fundstelle unterschiedliche Farben haben kann (gelb, grau, rot, braun). So sammelte sie Ton an diesen Stellen, nahm ihn mit nach Hause, bewahrte ihn dort luftdicht auf und gestaltete damit die schönsten Plastiken.
Oft begleiteten Freunde Camille auf der Suche nach geeignetem Tonmaterial. Hatten sie gemeinsam eine Fundstelle ausfindig gemacht, so war die Freude sehr groß. Damit Camilles Eimer so schnell wie möglich mit Ton gefüllt wurden und das Helfen Spaß machte, entwickelten ihre Freunde viele unterschiedliche Schlammspiele.

Natürlich halfen Camilles Freunde auch dann, wenn es darum ging, den Ton nach Haus zu transportieren. Dabei fielen ihnen während des Tontransportes viele Spiele ein, die ihnen die Wegstrecke verkürzten.

Camille sucht Ton in der Natur
Material: fest verschließbares Plastikgefäß, Schaufel, Spaten

Ton gibt es nicht nur im Geschäft gut in Plastik verpackt, sondern gerade in der Natur. Um erste Bekanntschaft mit dem Material Ton zu machen, eignet sich ein Besuch an Tonfundorten. Ton findet man z. B. auf Gras und Ackerboden, an Flussbetten oder auf Hügeln. Sucht man solche Orte auf, kann man mit etwas Glück selbst Ton finden. Dazu lockert man mit einem Spaten oder einer Harke die Erde. Leider kann man jedoch den selbst gefundenen Ton nicht brennen, um ihn haltbar zu machen. Dennoch, das erste Matschen am Fluss wird den Kindern sicher gefallen.

Camilles Freunde matschen mit Ton
Material: alter, getrockneter Ton (Abfallton aus unterschiedlichen Einrichtungen), Wanne

Der alte, bereits getrocknete Ton wird über mehrere Tage in Wasser gelegt. Dadurch löst er sich wieder auf und wird geschmeidig. Dazu muss er jedoch regelmäßig geknetet werden. Nur so wird er matschfähig und formbar.

Camille und ihre Freunde reinigen siebend den Tonmatsch

Material: 6 Eimer, Matsch, 3 Sandsiebe

Die Kinder bilden drei gleich große Gruppen und stellen sich hintereinander auf. Vor jeder Gruppe steht ein leerer Eimer. In einem Abstand von ungefähr 10 bis 15 m steht für jede Gruppe ein mit Tonmatsch gefüllter Eimer. Das erste Kind jeder Mannschaft hält ein Sandsieb in der Hand, mit dem es den Matsch vom gefüllten Eimer in den noch leeren Eimer transportieren soll. Anschließend gibt es sein Sieb an das nächste Kind der eigenen Mannschaft weiter. Dieser Vorgang wiederholt sich so lange, bis der gesamte Matsch von einem Eimer in den anderen Eimer transportiert wurde. Gewonnen hat die Gruppe, die am schnellsten fertig war und noch am meisten Tonmatsch in den leeren Eimer füllen konnte.

Camilles Freunde erstellen Matschbilder

Material: Wanne mit Tonschlicker, Matschkugeln, großes Stück Papier

Eine mit Tonschlicker randvoll gefüllte Wanne wird aufgestellt. Die Mitspieler formen aus Ton beliebig viele Kugeln und stellen sich in einem Abstand von ca. 1,5 m vor die mit Tonschlicker gefüllte Wanne. Diese wiederum steht auf einem großen Stück Papier. Nun werden die geformten Kugeln in den Tonschlicker geworfen. Dadurch spritzt der Matsch über den Wannenrand hinaus. Auf dem Papier entstehen dadurch interessante Spritzbilder.

Camilles Freunde bilden eine Matschkette

Material: eine leere und eine mit Matsch gefüllte Wanne, Jogurtbecher gemäß der Anzahl der Mitspieler

Es werden zwei gleich starke Gruppen gebildet. Diese stehen sich in einem Abstand von einem halben Meter gegenüber. Am Ende einer jeden Reihe steht auf der einen Seite eine mit Matsch gefüllte Wanne, auf der anderen eine leere Wanne. Jedes Kind hält einen Jogurtbecher in der Hand. Auf das Startsignal füllt das erste Kind der Reihe seinen Becher mit Matsch. Nun wird dieser Matsch von Kind zu Kind über die Becher weiter gegeben, bis die Wanne leer ist. Das letzte Kind der Reihe füllt jeweils den Schlamm in die leere Wanne. Sobald eine Gruppe ihren Schlamm von einer Wanne zur anderen weitergegeben hat, ist das Spiel beendet und die Gruppe hat gewonnen.

Camilles Freunde bilden einen Toneimerparcours

Material: Matsch, ein Eimer mehr als Kinder mitspielen

Eine festgelegte Strecke von ca. 10 m, aus Matscheimern bestehend, ist zu bewältigen. Um die Wegstrecke zurückzulegen, müssen die Kinder mit den Füßen durch die Eimer waten. Sie dürfen den Boden nicht berühren. Jedes Kind steht in einem Eimer. Der freie Eimer wird immer von hinten nach vorne durchgereicht, damit das erste Kind sich weiter bewegen kann. Dann erst ist es den anderen Kindern möglich aufzurücken. Dadurch wird hinten wieder ein Eimer frei, der dann nach vorne weitergereicht werden kann, usw. Stellt man zwei Eimerreihen auf, kann das ganze auch als Wettspiel gestaltet werden. Spaß garantiert!

Camille erlebt Ton mit all ihren Sinnen

Kinder erleben Ton

Ton ist unter den formbaren Materialien ein besonders reizvoller Stoff. Die haptischen Eindrücke wie Feuchtigkeit, Glätte und Formbarkeit lösen beim Menschen unterschiedliche Empfindungen aus. Sie führen von Ablehnung bis zu begeistertem Kneten, Schlagen, Biegen, Verstreichen, Ziehen, Drücken, Quetschen, Glätten und gestalterischem Tun.

Lehm bedeutet Leben. Er ist ein Verwitterungsprodukt aus unterschiedlichen Gesteinsschichten. Viele Lehmarten entstanden während der Eiszeit durch Gletscherbewegungen. Heute jedoch bilden sich neue Lehme durch Wind und Wasser in Flüssen und Hügellandschaften. Je nach Fundort und Gesteinsart findet man roten, weißen oder schwarzen Ton. Arbeiten mit Lehm heißt arbeiten mit einem Naturprodukt und bedeutet gleichzeitig, der Entfremdung von sich und der Natur entgegen zu wirken. Wohl kein Kind hat von Natur aus eine Scheu vor feuchtem matschigem Ton. Vielmehr werden die Kinder z. B. von Regenpfützen im Lehm magisch angezogen. Wannen randvoll mit fast flüssigem Lehm stoßen bei den meisten Kindern auf Faszination. Diese Chance, im Matsch wühlen zu können, stellt bei Kindern einen hohen Aufforderungscharakter dar. Aussagen wie „Ist das toll eklig" oder „Was für eine Supersauerei!" zeugen davon. Dabei wird der Ton mit seiner matschigen Beschaffenheit mit den Händen auf verschiedenste Art bearbeitet. Da wird zerrissen, geschlagen, geglättet, geklopft, geworfen und in Bröckchen zerteilt. Baustellen sind Erlebnisorte für jeden Matschsucher. Vom schleimigen, schmierigen Material geht eine solche Faszination aus, dass es jedes Kind reizt, hinein zu springen um sich an den Matschspritzern und an dem

leicht nachgebenden Material zu erfreuen. Oft genug geschieht das zum Leidwesen der Eltern, die sich einfach nicht mehr an ihre Kindheit erinnern wollen. Viele Kinder haben das Denken der Eltern schon verinnerlicht und fragen wenn es um Sauberkeit beim Matschen geht besorgt: „Ich werde ja dreckig! Geht denn der Ton auch wieder ab?" Erst der Hinweis, dass sich alles abwaschen lässt, ermöglicht vielen Kindern vorurteilsfrei den Lehm zu begreifen. Durch eine solch übertriebene Reinlichkeitserziehung können Kinder in ihrer Berührungslust und Ausdrucksfreude

gehemmt werden. Diese Kinder ekeln sich vor Weichem, Klebrigem und Glitschigem. Der Kontakt mit Ton und Lehm kann sie ängstigen. Sie scheuen sich dann das „dreckige Material" anzufassen. Diese Angst muss respektiert werden, indem man den Kindern viel Zeit lässt, das Material zu erkunden. Dabei können Modellierhölzer behilflich sein. Oft motiviert auch das Beobachten, wie Freunde voller Begeisterung mit dem Material umgehen, zu eigenem Tun.

Leider ist es vielen Kindern nicht mehr möglich Matscherfahrungen zu machen.

So bieten größere Städte keine Möglichkeiten nach Lust und Laune zu matschen. Dabei stellen Spiel und kreatives Gestalten mit Ton und Matsch eine basale Sinneserfahrung dar. Mit anderen Worten, sie machen das ursprüngliche Erleben des eigenen Körpers bewusst. Das Verarbeiten des Tons übt psychomotorische Fertigkeiten. Dabei sollte man jedoch nicht nur die Hand als ausführendes Organ in den Mittelpunkt stellen, sondern insbesondere der Hand als Erkundungsorgan Beachtung schenken.

Praktische Tipps zum Umgang mit Ton

Werden diese Tipps beachtet, können Misserfolge und Enttäuschungen im Umgang mit Ton vermieden werden.

♣ Ton erhält man in allen Bastelfachgeschäften meist in 10 kg-Packungen. Man unterscheidet roten, weißen und schwarzen Ton. Die verschiedenen Farben erhält der Ton durch das Beimischen von Oxiden (Rot durch Eisenoxid, Schwarz durch Manganoxid). Der rote Ton erscheint in ungebrannter Form eher kakifarben, Rot wird der Ton erst durchs Brennen. Glasuren erscheinen auf rotem Ton anders als auf schwarzem oder weißem Ton. Außerdem gibt es, ebenfalls in unterschiedlichen Farben, Gießton, ein flüssiger Ton zum Gießen in Gipsformen.

♣ Man unterscheidet fetten und mageren Ton. Fetter Ton ist durch einen hohen Gehalt an Wasser gekennzeichnet und feinschamottiert. Er lässt sich gut formen und modellieren. Die Oberfläche fühlt sich glatt und geschmeidig an. Magerer Ton hat einen niedrigen Gehalt an Wasser und ist grobschamottiert. Die Oberfläche ist rau. Magerer Ton ist für Platten und Aufbautechnik sehr gut geeignet.

♣ Viele Fachgeschäfte führen Ton auch mit unterschiedlichem Schamottanteil (gebrannter, zerkleinerter Ton, der der Tonmasse beigegeben ist und sie stabilisiert). Je mehr Schamott, desto rauer ist der zu bearbeitende Ton. Dieser bietet jedoch bei der Plattentechnik eine höhere Stabilität.

♣ Die Trocknungszeit richtet sich nach der Größe und der Dicke des Objektes und der Raumtemperatur. Die Werkstücke sollten immer langsam auf Hartholzplatten in einem unbeheizten Raum trocknen, sonst reißt der Ton. Mit den getrockneten Objekten muss man sehr vorsichtig umgehen, es besteht Bruchgefahr. Da dünne Wände schneller trocknen als dicke, muss beim Töpfern darauf geachtet werden, dass die Wände eines Objektes gleich dick sind.

♣ Auch Glasuren und Engobefarben erhält man in gut sortierten Bastelfachgeschäften oder in kleineren Töpfereien. Die Glasuren haben beim Kauf alle einen erdigen Farbton, der seine Schönheit und Farbigkeit erst durch den Brand erhält. Deshalb sollten nur solche Glasuren miteinander kombiniert und gebrannt werden, welche die gleiche Brenntemperatur besitzen. Von daher empfiehlt es sich, beim Kauf der Glasuren auf die Brenntemperatur zu achten. Glasuren, die bei 1020 bis 1080 Grad gebrannt werden und blei- und bariumfrei sind, eignen sich besonders gut. Enthalten die Glasuren Blei oder Barium, können sie nicht als Ess- oder Trinkgeschirr Verwendung finden. Die Glasuren sollten beim Anrühren einen sahnigen Charakter entwickeln. Sie werden aufgetragen, indem man sie über das Objekt gießt oder das Objekt eintaucht.

♣ Engoben sind matte Farben. Sie können direkt auf den lederharten Scherben aufgetragen werden. Sie werden gepinselt, getaucht oder gespritzt. Nach dem Schrühbrand kann ein Überzug mit einer transparenten Glasur folgen.

♣ Man unterscheidet den ersten Brand, den Schrühbrand bei 900 Grad und den zweiten Brand, bei welchem sich die Brenntemperatur nach der Glasur richtet.

♣ Sowohl Bastelfachgeschäfte als auch kleinere Töpfereien bieten die Möglichkeit, die getöpferten Waren zu brennen. Es lohnt sich nachzufragen. Meist ist der Schrühbrand etwas preiswerter als der Glasurbrand. Dies hängt mit der Brenntemperatur und der Stapelmöglichkeit innerhalb des Ofens bei den verschiedenen Brennvorgängen zusammen.

♣ Ton sollte immer luftdicht verschlossen gelagert werden, so dass er nicht austrocknet.

Ton mit allen Sinnen erleben

Ton kann man taktil erfahren – wenn man ihn greift, streichelt, schlägt, knetet, trägt, drückt und verformt. Bei allen Sinneserlebnissen spielen Temperatur, Konsistenz und Gewicht eine wichtige Rolle.

Man kann ihn hören – wenn man mit ihm in sehr feuchtem Zustand matscht, wenn man ihn in unterschiedlichen Konsistenzen fallen lässt, wenn man ihn an- oder aufeinander klatscht, wenn man ihn wirft.

Ton kann man schmecken – wenn man ihn an die Lippen führt, wenn man ihn mit den Lippen abtastet.

Kinder sollten beim ganzheitlichen Tonerleben die Möglichkeit haben, ihre Gefühle zu äußern und Empfindungen zu beschreiben.

Ton-Meditation

Die Kinder nehmen in einem Kreis eine für sie bequeme Sitzhaltung ein und schließen die Augen. Sie erhalten nun einen handgroßen, feuchten Tonklumpen. Die Kinder sollen mit Hilfe des Meditationstextes den Ton taktil erfahren.

„Ein Tonklumpen liegt in deiner Hand. Du ertastest ihn nun sanft mit deinen Fingern. Ertaste seine Form. Gibt es Rundungen oder Kanten?
Ist die Fläche glatt oder rau?
Du greifst ganz fest und tief in ihn hinein.
Wie fühlt der Ton sich an?
Ist er feucht? Ist er weich? Ist er warm oder kalt?
Ist das Gefühl für dich angenehm oder unangenehm?
Der Tonklumpen ruht in deiner Hand.
Spürst du sein Gewicht?
Noch spürst du wie kühl der Ton ist.
Durch deine Hand wird er immer wärmer.
Gib nun den Tonklumpen nach rechts weiter und öffne die Augen.
Versuche nun mit geöffneten Augen deinen Tonklumpen wieder zu erkennen, wenn er wieder bei dir anlangt.

Camilles Freunde malen mit Ton

Oftmals waren Camille und ihre Freunde sehr mit Ton verschmiert, wenn sie von ihrer gemeinsamen Tonsuche nach Hause kamen. Sie hinterließen dann ihre Hand oder Fußabdrücke in der eben von der Mutter gereinigten Wohnung und dies nicht gerade zur Freude der Eltern. Doch die Freunde erkannten durch die Abdrücke, dass es sich mit Tonschlicker oder mit einer festeren Tonwulst wunderbar malen lässt.

Material: Tonschlicker und Pinsel oder eine aus Ton geformte Wulst

- Mit dem Pinsel auf Papier malen.
- Wenn man sich die Hände oder Füße bemalt, kann man auf Papier Abdrücke hinterlassen. Verwendet man verschieden farbigen Ton, wird das Bild auch bunt.
- Statt des Tones kann man auch auf die Suche nach unterschiedlich farbiger Erde gehen und diese mit Wasser verdünnen. Auch damit lassen sich wunderschöne Bilder mit dem Pinsel oder mit Hand und Fuß gestalten.

Camille verarbeitet Ton

Damit Camille mit dem Ton schöne Plastiken gestalten konnte, musste sie ihn zuvor sorgfältig bearbeiten.

Camille schlägt Ton

Um Ton zu verwenden, muss er zuerst einmal geschlagen werden. Darunter versteht man, dass ein Klumpen Ton mit großer Kraft immer wieder auf den Arbeitstisch aufgeschlagen wird. So entweichen Luftblasen, die in ihm enthalten sind. Anschließend wird der Ton durchgeknetet, damit er geschmeidiger wird.

Camille stellt Tonschlicker her

Nun braucht man nur noch etwas Tonschlicker vorzubereiten. Hier handelt es sich um einen Tonkleber mit dem man verschiedene Tonteile aneinander setzen kann. Dazu wird etwas Ton mit Wasser verdünnt und verrührt, so dass eine Art braune dickflüssige Sahne entsteht. Dieser Brei wird immer auf die Stellen aufgetragen, die miteinander verbunden werden sollen.

Camille arbeitet mit verschiedenen Ton-Techniken

Für alle Techniken werden folgende Materialien benötigt: Ton, Tonschlicker, Gefäß mit Wasser, Modellierhölzer, Rollholz

♣ *Greif- und Aushöhltechnik*
Durch Kneten und Greifen können Formen entstehen. Dabei ist es wichtig dass die Figur größtenteils aus einem geschlossen Stück Ton entsteht. Werden Teile hinzugefügt, müssen diese durch Tonschlicker mit der Figur verbunden werden. Diese Technik eignet sich besonders gut, um kleinere Figuren entstehen zu lassen. Bei größeren Figuren benötigt man ein stützendes Drahtgestell an dem entlang der

Ton zu einer Figur modelliert wird. Der Draht gibt der Tonfigur den nötigen Halt. Eine andere Möglichkeit, ein Objekt aus einem Stück Ton zu formen, besteht im Aushöhlen. Hierbei wird mit den Fingern oder einem Löffel Ton aus dem Tonklumpen heraus gebohrt.

♣ *Wulsttechnik*
Bei der Wulsttechnik wird der Ton zu gleich dicken Tonschlangen gerollt. Diese Tonschlangen werden mit einem Modellierholz an den Stellen aufgeraut an denen sie miteinander verbunden werden sollen. Diese aufgerauten Flächen werden mit Tonschlicker versehen, aufeinander gelegt und festgedrückt. Diese Technik eignet sich besonders gut für das Formen von Gefäßen.

♣ *Plattentechnik*
Ein Tonklumpen wird flach gedrückt und anschließend mit dem Nudelholz gleichmäßig ausgerollt. Nun können einzelne Platten zugeschnitten werden. Diese werden anschließend an den Stellen aufgeraut, an denen sie zusammengefügt werden sollen. Mit Hilfe von Tonschlicker und Modellierhölzern werden nun die einzelnen Platten miteinander verbunden. Diese Technik ist zu empfehlen, wenn Vasen geformt werden sollen.

♣ *Überformungstechnik*

Zuerst wird eine Schüssel, ein Teller, eine Papprolle, eine Jumbotasse usw. mit einem Tuch oder einer Folie überzogen. Dann wird der Tonklumpen mit dem Rollholz ausgerollt. Die flache Tonplatte wird nun über den vorbereiteten Gegenstand gestülpt und leicht angedrückt. So erhält man auf einfache Weise einen Hohlkörper. Dies ist eine ganz einfache Technik um Schüsseln aus Ton herzustellen.

♣ *Stegtechnik*

Der Tonklumpen wird mit der Hand flach gedrückt und mit einem Nudelholz gleichmäßig ausgerollt. Aus der Tonplatte werden ungefähr 3 bis 4 cm breite Stege zugeschnitten, die wie bei der Wulsttechnik miteinander verbunden werden. Diese Technik eignet sich für die schnelle Herstellung kleinerer Gefäße.

Camille dekoriert ihre Skulpturen

♣ Bevor man die Figuren und Gefäße zum Trocknen an einen sicheren Ort stellt, kann der noch feuchte Ton mit Modellierstäben verziert und mit eingeritzten Mustern geschmückt werden.

♣ Spitzen oder Häkeldeckchen können in den Ton eingerollt werden, wenn man sie abzieht, hinterlassen sie eine Druckspur.

♣ Werden Tonklumpen auf einem strukturierten Material zu Tonplatten ausge-

rollt, drückt sich diese Struktur in den Ton ein. Dadurch erhält der Ton ganz von selbst eine Verzierung.

♣ Ist der Ton einmal getrocknet, hat man auch die Möglichkeit die Figuren mit Engobefarben zu bemalen. Dann bedarf es eines Brandes, um diese Farbe mit dem Ton zu verbinden.

♣ Der Ton kann auch nach dem er einen Brand überstanden hat mit Glasurfarben glasiert werden. Diese entsprechen beim Auftrag jedoch nie der Farbe, welche die Glasur nach dem Glasurbrand erhält.

♣ Kinder können aber auch nach dem ersten Brand ihre Skulpturen mit bunten Wasserfarben anmalen. Soll die Bemalung glänzen und wasserfest sein, so empfiehlt es sich die Plastiken mit „Tapetenhaut" aus einem Malerfachgeschäft zu lackieren.

Camille brennt ihre Skulpturen

Nachdem die Figuren von Camille gestaltet wurden, trug sie diese immer vorsichtig an einen Ort, wo sie sicher standen und in aller Ruhe trocknen konnten. Die Trocknungszeit dauerte, je nach dem wie dick sie den Ton verarbeitet hatte, unterschiedlich lange. Aber nach ungefähr 14 Tagen bis drei Wochen waren ihre Plastiken getrocknet. Sie konnte sie nun brennen, damit sie haltbarer wurden (Schrühbrand).

Schrühbrand

Der Schrühbrand ist der erste Brand. Er wird bei ungefähr 900 bis 1000 Grad durchgeführt. Damit die Bruchgefahr im Ofen so gering wie möglich bleibt, ist es wichtig, nicht zu viele Gegenstände aufeinander zu lagern und den Ofen langsam aufzuheizen. Die meisten Öfen sind programmierbar. Empfehlenswert ist es, in den ersten drei Stunden auf 500 Grad anzuheizen und dann erst voll aufzuheizen. Der Ofen darf erst geöffnet werden, wenn er sich auf unter 100 Grad abgekühlt hat. Das kann durchaus einen Tag lang dauern.

Glasurbrand

Der Glasurbrand ist der zweite Brand, der nur dann erfolgen muss, wenn die Skulpturen mit Glasur verziert wurden. Dabei ist beim Bestücken des Ofens zu beachten, dass die Aufstellflächen frei von Glasurstaub sind und sich die einzelnen Gegenstände nicht berühren. Wird diesen beiden Punkten nicht Rechnung getragen, kleben die Skulpturen nach dem Brand an der Bodenfläche oder sind durch die Glasur miteinander verbunden. Die Temperatur des Brennofens richtet sich nach der Glasur, die verwendet wurde. Diese liegt aber in jedem Fall über der 1050 Grad Grenze. Auch hier ist eine langsame Aufheizzeit – wie beim Schrühbrand beschrieben – zu empfehlen.

Beide Brände werden aber auch in Töpfereien oder in Bastelläden angeboten. Wenn man keinen eigenen Brennofen besitzt bzw. sich an das Brennen nicht selbst heranwagen möchte, kann man diese Hilfe in Anspruch nehmen.

Brennen in der Natur

Ein besonderes Erlebnis ist das Brennen der getöpferten Objekte draußen in der Natur.

Material: Schaufel, Feuerstelle, Sand, Kohlebriketts und Holzkohle, Sägespäne, trockenes Laub, trockene Gräser, Heu, trockene Zweige, Zündhölzer

Zuerst wird ein so tiefes Loch an der Feuerstelle gegraben, dass die zu schrühende Ware hineinpasst. Danach wird der Bodenofen mit der Töpferware gefüllt und mit einer dicken Lage Sägemehl und trockenen Zweigen als Brenngut bedeckt. Es ist ratsam, noch eine weitere Schicht Sägemehl darüber zu streuen und diese nochmals mit Brenngut (Zweigen Stroh, Binsen und Laub) zu bedecken. Dann wird zur Sicherheit die Ofenkuhle mit Sand umstreut und mit Kohlebriketts eingefasst.

Anschließend wird der Hügel aus Holzspänen, Zweigen und Laub angezündet. Das Feuer muss sorgsam beobachtet werden, bis es langsam ausgebrannt ist. Nachdem alles abgekühlt ist, können die gebrannten Scherben (so nennt man die gebrannte Ware) aus der Feuerstelle genommen werden.

Camille erlebt das Gießen ihrer Skulpturen

Camilles Tonfiguren waren in ihren Augen nur Rohlinge oder Entwürfe. Die meisten ihrer Figuren sind aus Bronze. Um Bronzefiguren zu erhalten, benötigte die Künstlerin ein so genanntes positives Formmodell, ihre Tonskulptur. Diese Tonskulptur wurde mit Gips übergossen, um eine negative Hohlform, einen Abguss in Gips, zu erhalten. Das Original aus Ton wurde anschließend zerstört, um den Gipsabdruck freizulegen. Diese Hohlform wurde dann mit heißer Bronze gefüllt. Nachdem diese abgekühlt war, wurde die Gipsform zerschlagen und zum Vorschein kamen Camilles Bronzefiguren.

Camille besucht eine Glockengießerei

Das Erstellen einer Hohlform kann man heute noch erleben. Glockengießereien arbeiten noch immer nach dem gleichen Prinzip. Wenn Sie die Chance haben, in Ihrer Nähe mit den Kindern eine solche Gießerei zu besichtigen, nutzen Sie sie!

Camille erstellt einen Abguss

Material: Gips, große Plastikschüssel, einen Zahn-, Sahne- oder Jogurtbecher, Schmierseife und Wasser

Der Becher wird außen und die Plastikschüssel innen mit Schmierseife ausgerieben. Das erleichtert das spätere Lösen des Gips. Nun wird der Becher mit Wasser gefüllt, dadurch wird er schwerer und verliert später nicht seine Standfestigkeit. Zwischen Becherwand und Schüsselwand sollten sich ungefähr 5 cm Freiraum befinden. Nun wird der Gips angerührt. Es ist wichtig, dass er eine sahnige Konsistenz erhält. Der Gips wird dann ungefähr 5 cm hoch in die Plastikschüssel gegossen. Man lässt ihn leicht anhärten. Dann wird der mit Wasser gefüllte Becher auf den bereits gegossenen Gipsboden in die Mitte der Schüssel gestellt. Nun kann der restliche Hohlraum zwischen Schüsselwand und Becherwand mit Gips aufgegossen werden. Sobald der Gips gehärtet ist, lassen sich Dank der Schmierseife sowohl Becher als auch Schüssel gut vom Gips lösen. Die Gipsform kann nun dazu benutzt werden, immer wieder den gleichen Becher zu produzieren.

Camille gießt Ton
Material: eine Gießform (s.o.), flüssiger Ton

Dazu wird die Gießform mit flüssigem Ton gefüllt. Da Gips Wasser aufnimmt, entzieht er dem Ton, der an den Gipswänden anliegt, das Wasser. Dadurch hat sich in kurzer Zeit an der Gipswand eine Tonwand gebildet. Nach ungefähr einer halben Stunde gießt man den überschüssigen Ton aus der Form wieder heraus. Lässt man den Ton noch einige Stunden in seiner Gießform, so lässt er sich anschließend sehr gut in lederhartem Zustand aus seiner Form lösen. Der Becher muss jetzt nur noch ordentlich versäubert werden.

Malkreide gießen

Material: Konfiserieförmchen, leere Pralinenschachteln oder Schokoladenadventskalender, Farbpigmente, eine halbe Tasse Wasser, Gips

Wasser, Farbpigmente und Gips werden solange miteinander vermischt, bis eine dicke Masse entsteht. Die Masse wird anschließend in die Konfiserieförmchen gegossen. Die Kreide muss jetzt ungefähr eine Stunde trocknen.

Wachsamulette gießen

Material: Wachsreste, alter Topf, Holzstäbchen, Konfiserieförmchen

Die Wachsreste werden in dem alten Topf erhitzt bis das Wachs flüssig ist. Dann werden die restlichen Dochte sorgfältig mit einem alten Holzstäbchen aus dem flüssigen Wachs entfernt. Nun kann das Wachs in die Konfiserieförmchen gegossen werden. Nach etwa 15 Minuten hat es wieder eine feste Konsistenz.

Schokolade gießen

Material: Schokoladenkonfitüre, alte große Tasse, ein Topf, Wasser, Konfiserieförmchen eventuell von leeren Pralinenschachteln oder Schokoladenadventskalender

Die Schokolade wird in einem Wasserbad erhitzt. Ist sie flüssig, wird sie in die vorbereiteten Konfiserieförmchen gegossen.

Nach ungefähr 30 Minuten ist die Schokolade abgekühlt.

Camille gestaltet verschiedene Gegenstände aus Ton

Igel in Aushöhltechnik

Material: Ton, Becher, Wasser, Löffel, Gabel, Kugelschreiberhülse, Tonschlicker (mit Wasser verdünnter Ton)

Jedes Kind erhält einen Klumpen Ton, der ungefähr so groß ist wie zwei Fäuste. Dieser Klumpen wird zuerst gut durchgeknetet damit die Luft entweicht, dann wird daraus eine kugeliges Oval geformt, ähnlich einem Baseball. Die Kinder nehmen daraufhin den zu einem Oval geformten Tonklumpen und beginnen den Tonklumpen mit dem Löffel und den Fingern auszuhöhlen, dadurch entsteht eine Hohlform. Anschließend wird die Form mit der ausgehöhlten Seite nach unten auf den Tisch aufgelegt. Nun kann der Igel entstehen.

Für den Igel muss mit einem Modellierholz Kopf und Rumpf optisch voneinander getrennt werden, indem man eine deutliche Einkerbung zieht. Dann formt man eine kleine Kugel. Sie dient als Nase und wird mit etwas Tonschlicker an entsprechender

Stelle festgedrückt. Die Augen werden anschließend mit Hilfe einer Kugelschreiberhülse in den Ton eingedrückt. Nun fehlen nur noch die Stacheln des Igels. Diese ritzt man mit Hilfe der Gabel in den Ton ein.

Spiralbilder in Wulsttechnik

Material: Ton, Schuhschachteldeckel, Becher

Die Kinder erhalten einen Klumpen Ton. Daraus formen sie viele kleine und große Wülste (Schlangen). Aus diesen werden anschließend Spiralen (Schneckenhäuser) geformt. Diese Schneckenhäuser fügt man in den Schuhschachteldeckel ein und verbindet sie so miteinander, dass innerhalb des Deckels ein geschlossenes Muster aus Spiralen entsteht. Um die Schneckenhäuser zusammenzufügen, müssen diese mit einem Messer angeraut und mit Tonschlicker miteinander verbunden werden. Nach 14 Tagen Trocknungszeit können die Spiralbilder gebrannt werden.

Die Kinder erhalten einen Klumpen Ton. Diesen rollen sie zu einer glatten Tonplatte von ungefähr 0,5 cm Dicke auf dem Küchentuch aus. Dann legt man den Deckel der Schuhschachtel auf die Tonplatte und umfährt dessen Kante mit dem Messe. So erhalten die Kinder eine Tonplatte, die exakt in den Deckel hineinpasst. Nun teilen sie die Platte durch Einritzen mit einer Stopfnadel in verschiedene Felder ein. Jedes so entstandene Feld soll anschließend mit einem anderen Muster versehen werden.

Dazu können alle Gegenstände benutzt werden, die als Spur eine Struktur hinterlassen. Am Schluss sollten auf keinen Fall die zwei Löcher vergessen werden, mit denen die Kinder ihre Kachel nach dem Brand aufhängen können.

Fingerpuppe durch Aushöhltechnik
Material: Ton, Taschentuch

Aus Ton wird eine Kugel geformt. In die Tonkugel wird mit dem Zeigefinger ein Loch gebohrt. Dann wird aus ihr ein Gesicht geformt oder ein Gesicht in die Kugel eingeritzt. Anschließend muss das Gesicht trocknen und gebrannt werden. Nun wird es angemalt. Hängt man ein buntes Taschentuch über den Zeigefinger und stülpt dann den Kopf darüber, erhält das Gesicht auch einen bekleideten Rumpf. Dann kann das Puppenspiel beginnen.

Musterkachel in Plattentechnik
Material: Ton, Becher, Rollholz, verschiedene Werkzeuge um Muster zu bilden (Kugelschreiberhülse, Gabel, Messer, Nagel usw.), Messer, Küchentuch, Deckel einer Schuhschachtel, Stopfnadel.

ritzten Spirale werden nun die Tonstege auf der Tonplatte festgedrückt. Dabei lässt man wie bei einem Labyrinth an unterschiedlichen Stellen Lücken. Ist das Labyrinth getrocknet und gebrannt, so kann es bemalt und lackiert werden. Dann ist es bespielbar. Die Perlen müssen dabei von außen nach innen oder von innen nach außen bewegt werden.

Schale durch Überformungstechnik

Material: Ton, Becher, Wasser, Modellierhölzer, zwei Tüten um den Tisch abzudecken, Messerchen, Schüssel oder Teller

Murmellabyrinth in Stegtechnik

Material: Ton, Perlen, Folie oder Küchentuch

Ein Tonklumpen wird zu einer runden Platte geklopft. Auf der Tonplatte wird von innen nach außen eine Spirale eingeritzt. Dann wird mit dem Rollholz eine weiterer Klumpen Ton ungefähr 1 cm dick auf einem vorher untergelegten Küchentuch ausgerollt. Daraus werden mehrere lange Tonstege geschnitten. Diese werden an der unteren Seite eingeritzt und mit Tonschlicker bepinselt. Entlang der vorher einge-

Jedes Kind erhält einen Klumpen Ton. Dieser wird, damit die Luft entweicht, zuerst durchgeknetet, dann flach gedrückt und anschließend mit dem Nudelholz gleichmäßig ausgerollt. Das ist gar nicht so einfach. Dafür muss der Ton mehrmals von einer Seite auf die andere gedreht werden, damit man ihn von verschiedenen Seiten wie einen Kuchenteig ausrollen kann. Damit der Ton sich dabei besser von der Tischplatte lösen lässt, legt man zum Ausrollen des Tones die Tischfolie oder eine Tüte aus. Dann wird z. B. eine Schüssel, ein

Teller usw. mit der zweiten Tüte überzogen. Die flache Tonplatte wird dann zentral über den vorbereiteten Gegenstand gestülpt und leicht angedrückt. So erhält man auf einfache Weise einen Hohlkörper. Den Ton lässt man solange auf dem Teller oder der Schüssel liegen, bis er lederhart und somit so stabil ist, dass er keiner Form gebenden Stütze mehr bedarf. Danach muss jedoch der Ton auf jeden Fall von seiner Unterform befreit werden, denn beim Trocknen schrumpft der Ton. Dabei besteht die Gefahr, dass die Unterform den Ton beim Trocknen zu sehr einengt und somit die geformte Schale sprengen würde.

Drachenpusterohr
Material: Ton, Trinkhalm, Papierkügelchen

Wie bei den Fingerpuppen wird aus einer Tonkugel ein drachenähnlicher Kopf modelliert. Dieser wird jedoch nicht von unten nach oben mit dem Zeigefinger durchbohrt, sondern von hinten nach vorn auf einen Trinkhalm aufgespießt. Der Trink-

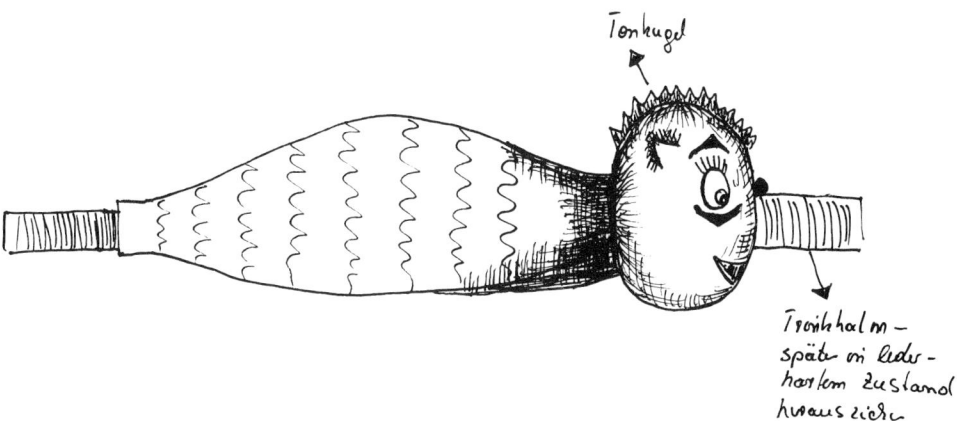

Tonkugel

Trinkhalm –
später im leder-
hartem Zustand
herausziehen

halm durchbohrt so das Maul. Dann wird der Hinterkopf angeritzt und mit Tonschlicker versehen. Dort wird Ton an den Drachenkopf angedrückt. Entlang des Trinkhalms entsteht so der Körper, der als Pusterohr dient. Ist die Figur lederhart, kann der Trinkhalm aus der Figur herausgezogen werden. Nachdem sie getrocknet ist, wird sie gebrannt. Dann kann das Weitpusten geübt werden.

Vogelpfeife

Material: Ton, Schaschlikspieß

Aus Ton wird eine faustgroße Kugel geformt. Dann wird mit dem Daumen ein Loch in die Kugel gebohrt. Anschließend werden die Tonwände nach außen gedrückt damit aus der Kugel eine Schale entsteht. Die Seitenwände der Schale werden von rechts und links zusammen geführt und in der Mitte sorgfältig miteinander verbunden. Es entsteht ein Hohlkörper mit zwei Öffnungen rechts und links. Diese Öffnungen werden auch vorsichtig geschlossen. Dazu kann man die eine Seite zu einem Schwanz und die andere Seite zu einem Vogelkopf formen. Ist die Figur lederhart getrocknet, so werden mit einem Schaschlikspieß in Kopf und Bauch Luftlöcher gebohrt. Drei weitere Löcher können als Grifflöcher gebohrt werden. Dann muss die Pfeife nur noch trocknen und anschließend gebrannt werden.

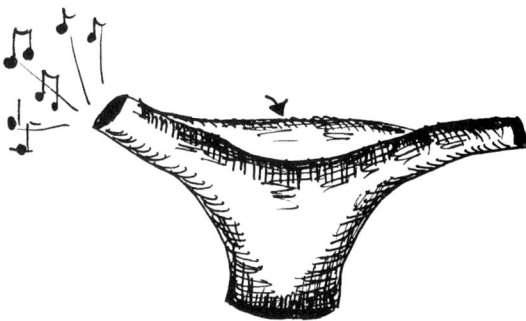

Skulpturen sind Camilles Welt

1. Skulp-tu-ren sind Ca-mil-les Welt. Es ist 'ne Welt, die uns ge-fällt. Lasst uns zu Ca-mille hin-lau-fen, rasch, rasch, rasch, rasch, um beim Mat-schen zu-zu-zu-schaun, rasch, rasch, rasch, rasch.

2. Bonjour Camille, comment ça va?
   Geht es dir gut, comme ci, comme ça?
   Wir wollen dir beim Töpfern helfen,
   matsch, matsch, matsch, matsch.
   Uns macht das 'nen riesen Spaß,
   matsch, matsch, matsch, matsch.

3. Bonjour Camille, …
   Hast du schon den Ton geknetet?
   Knatsch, knatsch, knatsch, knatsch
   Greif hinein es ist famos!
   Knatsch, knatsch, knatsch, knatsch.

4. Bonjour Camille, …
   Hast du schon den Ton geschlagen?
   Batsch, batsch, batsch, batsch.
   Schlage zu wie wir ganz fest.
   Batsch, batsch, batsch, batsch.

5. Bonjour Camille, …
   Hat der Ton schon eine Form?
   Glitsch, glitsch, glitsch, glitsch.
   Die Skulptur, sie wird ein Traum.
   Glitsch, glitsch, glitsch, glitsch.

6. Bonjour Camille, …
   Skulpturen sind Camilles Welt.
   Es ist 'ne Welt die uns gefällt.
   Denn wir matschen gern im Ton.
   Matsch, matsch, matsch, matsch.
   'Ne Skulptur ist unser Lohn.
   Matsch, matsch, matsch, matsch.

Camille begegnet Toni Erde (eine Geschichte für Kinder)

Einst lebte in Paris ein kleines Mädchen namens Camille, das ganz und gar davon überzeugt war, dass es eine große Bildhauerin werden würde. Nichts konnte Camille von ihrem Vorhaben abbringen. Den Ton den sie zum Gestalten benötigte, suchte sie tagein tagaus am Ufer der Seine, einem Fluss, der Paris durchquert. Jeden Tag zog sie mit ihrem kleinen roten Eimer hinunter zur Seine. Hatte sie Ton gefunden, nahm sie ihn mit nach Hause und begann sofort, Figuren daraus zu gestalten. Da sie jedoch nicht wusste, dass Ton bearbeitet werden muss, bevor man damit Skulpturen modellieren kann, gingen viele Figuren beim Trocknen kaputt. Zuerst bekamen sie ganz kleine Haarrisse. Je länger sie trockneten, desto größer wurden die Risse, bis letztendlich die Figuren zerbrachen. Das machte Camille sehr traurig. Alle ihre Freunde bewunderten Camilles gestalterisches Können wenn sie ihr beim Töpfern zusahen. Nur das Trocken der Figuren wollte und wollte nicht gelingen. Immer und immer wieder überlegte sie, warum ihre Skulpturen zerbrachen. Sie war davon überzeugt, dass es am Tonmaterial läge. Jeden Tag suchte sie deshalb die Ufer des Flusses nach noch besserem und geschmeidigerem Ton ab. Dazu zog sie bei Hitze und eisiger Kälte die Strümpfe aus und marschierte mit nackten Füßen durch den zähen Schlamm. Denn an den Füßen war sie besonders empfindlich und so konnte sie barfuß den weicheren Schlamm zum Modellieren ausfindig machen. Sie liebte es, wenn der Ton unter ihren Füßen beim Gehen und Springen hervorspritzte oder wenn er zwischen den Zehen hindurchquoll und unter ihren Füßen hervorquetschte.

Doch eines Tages, als sie mal wieder ohne Schuhe und Strümpfe durch den Schlamm watete und gerade einen Tonklumpen von der Erde aufnahm und in ihren Eimer plumpsen ließ, hörte Camille eine jaulende Stimme die aus dem Eimer drang: „Aaauu! Tut das weh! Zuerst trittst du auf mir herum, dann quetschst du mich zwischen deinen Zehen hindurch und schließlich wirfst du mich mit aller Wucht in den roten Metalleimer, so dass einem Hören und Sehen vergeht". Camille traute ihren Ohren kaum. Wer redete da mit ihr? „Wer bist du?", fragte sie. „Ich bin Toni Erde, hier, schau unter deinen Füßen. Jeden Tag trägst du mich in deinem roten Eimer mit nach Hause. Anfangs habe ich mich ja darüber gefreut hier aus dem nassen Fluss und diesem Matsch heraus zu kommen. Deshalb habe ich mich auch schon mal vorgedrängt um von dir liebevoll und wohltuend massiert zu werden. Denn schließlich wollte ich unter deinen Händen zu einer stattlichen Skulptur heranwachsen, die als Raumschmuck ein warmes Wohnzimmer verschönert. Aber statt mich mit

Streicheleinheiten zu verwöhnen, werde ich unter deinen Händen trocken, spröde und rissig. Kein Wunder, dass mir dann nichts anderes übrig bleibt, als schließlich mit viel Staub auseinander zu fallen. Dann werde ich zusammen gekehrt und lande wieder dort, wo ich her gekommen bin, im Uferschlamm der Seine." Camille wurde ganz traurig, denn sie wollte dass Toni Erde sich bei ihr wohl fühlte. „Du brauchst nicht zu weinen", sprach Toni, „ich weiß ja dass du mir nicht absichtlich die Chance nimmst, in einem warmen Wohnzimmer zu stehen, indem ich verehrt und bewundert werden könnte. Es ist deine Unwissenheit, die dir und mir Unglück bringt. Deshalb werde ich dir ein Massagerezept verraten, mit dem du mich massieren und geschmeidig machen kannst. Dann lässt es sich nämlich viel besser mit mir arbeiten. Du musst wissen, wenn ich aus dem kalten Schlamm der Seine komme, sind meine Muskeln steif und unbeweglich. Ich bewege mich dann äußerst ungern, denn jede Bewegung tut mir weh. Deshalb benötige

ich eine wärmende Massage. Dazu musst du mich zuerst schlagen. Hab keine Angst davor, du tust mir damit nicht weh. Im Gegenteil, ich habe oft Blähungen, weil ich so viel Luft geschnappt habe. Wenn du mich fest auf den Tisch aufschlägst, drückt sich die Luft aus mir heraus und ich fühle mich danach wesentlich wohler. Wenn du mich im Anschluss an das Schlagen gut durchknetest, ist die Tonmassage perfekt und ich lasse mich leicht zu einer wunderschönen Skulptur verarbeiten." Camille war begeistert von dem Massagerezept, das Toni Erde ihr mit auf den Weg gegeben hatte. Zu Hause angekommen, nahm sie den Tonklumpen ganz vorsichtig aus ihrem Eimer, legte ihn auf den Tisch und begann ihn zu massieren. Anschließend formte sie daraus eine wunderschöne fantasiereiche Skulptur, der sie den Titel „Toni Erde" verlieh. Camille stellte sie in ihr Zimmer, um sie zu bewundern, zu verehren und mit ihr das kleine Geheimnis der Tonmassage zu hüten, das ich heute mit Erlaubnis von Camille erzählen durfte.

PICASSO:
PAVIAN MIT JUNGEM

Der Künstler und sein Werk

Picasso erblickte das Licht der Welt 1881. Sein Geburtsort war die Stadt Malaga in Spanien, in der er auch seine Kindheit und Jugend verbrachte. Dank seines Vaters, der Zeichenlehrer war, lernte Picasso schon in frühen Jahren mit Pinsel und Zeichenstift umzugehen. So erzählt man sich, er hätte schon mit 15 Jahren so gut zeichnen können wie andere große Künstler dieser Zeit. Mit dieser Begabung lag es nahe, dass Picasso die Kunstschule in Barcelona besuchte. Von Barcelona zog es ihn 1900 nach Paris, denn es galt zur damaligen Zeit als vielversprechende Kunstmetropole. Vier Jahre dauerte es, bis Picasso ein kleines Atelier in Paris sein eigen nennen konnte. Dort, in jenem kleinen Atelier in Paris, liegen die Wurzeln seiner bahnbrechenden künstlerischen Aktivitäten. Unentwegt befand er sich auf der Suche nach neuen Ideen, Mal- und Gestaltungsformen. In diesem Zusammenhang spricht man heute von verschieden Schaffensperioden. (blaue Periode, rosa Periode, Kubismus, Klassizismus, Surrealismus, barbarische Periode, Nachkriegsjahre, Spätwerk). In seiner blauen Periode malte er überwiegend in Blaunuancen. In der rosa Periode entsprechend mit rosa Farbkombinationen. Doch bleiben die Bildinhalte gegenständlich. Diese Darstellungsform erfährt eine Änderung durch die Bekanntschaft, welche Picasso mit Georges Braque macht. Seinem Einfluss verdankt Picasso die bahnbrechende Veränderung seines Malstils.

Ab diesem Zeitpunkt malt Picasso nicht mehr gegenständlich, sondern löst die Gegenstände in ihre Elementarformen auf und arrangiert diese so zueinander, dass der Eindruck eines falsch zusammengesetzten Puzzles entsteht. Diese Art zu malen bezeichnet man später als Kubismus.

Was heißt Kubismus?

Die Bezeichnung Kubismus wurde von der geometrischen Form der Kube (Würfel) entlehnt. Bei der Betrachtung von Picassos Werken werden verschiedene kubistische Gestaltungskriterien deutlich:

♣ Im Kubismus werden die Motive in Elementarformen (Dreiecke, Rechtecke, Quadrate usw.) zerlegt.

♣ Die Werke Picassos erwecken den Eindruck, als seien sie in viele Scherben zerfallen und anschließend nicht mehr sorgfältig zusammengesetzt worden. In der Kunst bezeichnet man diese Art der Gestaltung als Deformation.

♣ Werden Menschen in den Werken dargestellt, so sind deren Gesichter dadurch entstellt, dass Augen Nase oder Mund mehrmals vorkommen. Oder aber, ähnlich wie in Kinderzeichnungen, bedienen sich die Kubisten des Mischprofils, welches entsteht, wenn Kinder Bewegung darstellen wollen. Dabei kommt es häufig vor, dass sie ein Gesicht im Profil darstellen, die Nase aber frontal in der Mitte prangt.

♣ Ein weiteres Merkmal vieler kubistischer Werke ist die so genannte Collage, bei der mehrere unzusammenhängende Materialien zu einem Werk verbunden werden.

♣ Viele Bilder erhalten eine Deformierung, indem die Künstler in die Bilder hineinmalen und so dem Bildwerk eine neue Bedeutung geben.

♣ Eine besondere Rolle bei der Entstehung des Kubismus spielte der 1. Weltkrieg. Er hinterließ zertrümmerte Städte und Dörfer. Die Menschen mussten wieder aufbauen. Aus einzelnen Trümmern wurde Neues zusammengesetzt. Dieses Zusammensetzen einzelner Splitter zu etwas Neuem prägte eine neue Sichtweise der Menschen, von der auch die Künstler beeinflusst wurden.

♣ Betrachtet man verschiedene kubistische Werke, fallen aber auch maskenhafte Darstellungen auf, welche ihren Ursprung in afrikanischen Einflüssen haben. Die Ausdrucksstärke der primitiven Kulturen hinterlässt bei vielen Künstlern einen tiefen Eindruck, den sie malerisch verarbeiten.

Dies gilt auch für die Kinderzeichnungen. Vieler Künstler lassen sich von der Einfachheit und Ursprünglichkeit kindlicher Darstellung beeinflussen und ahmen, auf der Suche nach ihrer eigenen kindlichen Ausdruckskraft, fortan die kindliche Bildsprache mit ihren Elementarformen nach.

Die einzelnen Schaffensetappen Picassos lassen sich aber nicht nur an seinem Bildwerk verdeutlichen, sondern spiegeln sich auch in seinem plastischen Schaffen wieder. Eine entscheidende Entwicklung für seine bildhauerische Tätigkeit bringt der Kubismus mit sich. Picasso wagt es ab diesem Zeitpunkt, die zweidimensionale Bildebene zu verlassen und mit Hilfe der Collage (Bild mit eingeklebten andersartigen Materialien wie Papier, Stoffe, Tapete, Zeitungsausschnitte, Knöpfe usw.), Montage (montieren von verschiedenen Materialien zu einem Objekt) und Objet trouve (Fundstücke, die zu einem Objekt kombiniert werden) mit seiner Gestaltung aus der Fläche herauszutreten. Die Bilder wurden plötzlich dreidimensional. Die Entwicklung des Kubismus, das Erfinden der Collage und das Öffnen der zweidimensionalen Bildfläche hin zu einer dritten Dimension machten ihn zu einem der berühmtesten Künstler unserer Zeit.

1973 starb er im Alter von 92 Jahren und hinterließ Tausende von Werken.

„Pavian mit Jungem"

(La guenon et son petit, 1951, 56 × 34 × 71cm, Paris Musée Picasso)

Die Plastik zeigt auf den ersten Blick eine Affenmutter, die ihr Junges auf dem Arm trägt. Erst der zweite Blick eröffnet die Feinheiten dieser Skulptur.

Zwei kleine Spielzeugautos, welche Räder an Räder aufeinander gestellt wurden, bilden den Kopf des Pavians. Die Augen werden von den Windschutzscheiben gebildet. Die Ohren entstanden aus den Henkeln eines Tonkruges. Auch der Leib des Pavians besteht aus einem Tonkrug. Seine Henkel bilden die Schulter des Affen. Die Pfoten bestehen aus Stäben mit denen die heiße Tonware vom Töpfer aus dem Ofen genommen wird. Eine gebogene Eisenlatte einer Tür oder eines Fensters bilden den Schwanz. Dabei verwendet Picasso zur Gestaltung des Körpers vorwiegend kugelige oder ovale Formen, die er zufällig in seinem Atelier gefunden hat. Die Einzelteile – Autos, Vasen etc. – wurden teilweise mit Gips überarbeitet und modelliert. Hier wird deutlich, was unter Montage und Objet trouvé zu verstehen ist: das Kombinieren unterschiedlichster scheinbar kunstfremder Materialien zu einem neuen Ganzen. Zieht man ein Zitat Picassos hinzu, „Ich suche nicht, ich finde", wird klar, worum es Picasso in seiner Arbeit ging: einfache, ausrangierte Dinge zufällig zu entdecken, sie experimentell so zusammenzufügen und zu kombinieren, dass sie miteinander verbunden zu neuen Assoziationen Anlass geben. Somit wurde Picasso auch zum Wegbereiter einer neuen Sehweise, in der Gegenstände aus ihrem bisherigen Kontext herausgelöst wurden, um mit anderen Gegenständen kombiniert zu werden. Dadurch verloren die gefundenen Gegenstände ihre ursprüngliche Bedeutung oder ihren Nutzen und gelangten zu neuer Ausdrucksform und Betrachtungsweise.

Die meisten Bilder und Skulpturen von Picasso befinden sich in seinem eigenen Museum in Paris, im Museum Picasso im Marais-Viertel. Viele seiner Werke jedoch sind in der ganzen Welt verstreut. So findet sich auch in Deutschland in den meisten Museen für moderne Kunst mindestens ein Werk von ihm. Dabei handelt es sich fast immer um eines seiner Bilder. Plastiken findet man seltener. Deshalb lohnt sich auf jeden Fall ein Besuch im Museum Ludwig in Köln. Hier findet man eine Objettrouve-Plastik mit dem Namen „Frau mit Kinderwagen" (1950).

Angebote zur Skulptur „Pavianweibchen mit Jungem"

Leitfaden zur Betrachtung

- ♣ Was siehst du? Beschreibt, was zu sehen ist.
- ♣ Was fällt besonders daran auf?
- ♣ Was gefällt dir / gefällt dir nicht?
- ♣ Versuche die Gegenstände zu erkennen, aus denen Picasso das Pavianweibchen geschaffen hat.
- ♣ Aus welchen Gegenständen würdest du ein solches Pavianweibchen bauen wollen?
- ♣ Beschreibe die Landschaft in der das Pavianweibchen leben könnte.
- ♣ Stelle pantomimisch dar, wie sich Affen bewegen.

Zoobesuch

Besuchen Sie mit Ihrer Kindergruppe einen Zoo. Der Affenkäfig kann dabei einen Höhepunkt des Besuches bilden.

Gestalten eines Affen

Aus kugeligen oder ovalen Gegenständen soll ein Affe gestaltet werden. Mögliche Materialien: Walnüsse, Kastanien, Hüllen aus Überraschungseiern, Perlen, Styroporkugeln, Kieselsteine usw. Die Einzelteile werden mit Klebstoff miteinander fixiert.

Dschungelmusik

Material: Orff-Instrumente

Die Kinder entwickeln eine Geräuschkulisse, die das Pavianweibchen umgeben könnte. Im Mittelpunkt steht die Frage: Welche Geräusche könnte man in der Landschaft hören, in der das Pavianweibchen lebt?

Fantasietier

Zur Betrachtung des Bildes „Pavianweibchen" hat die Erzieherin einen großen Korb mit vielen verschieden Materialien mitgebracht. Die Kinder sollen sich selbstständig aus dem Korb Materialien heraussuchen, aus denen sie gemeinsam oder einzeln ein Fantasietier gestalten oder legen möchten.

Pantomimisches Pavianspiel

Paviane sind Tiere, die sehr gerne menschliches Verhalten nachahmen. Deshalb werden in diesem Spiel Paare gebildet. Einer der Spieler stellt pantomimisch einen Besucher im Zoo dar, der sich einen Affenkäfig anschaut. Der andere spielt den Affen, der den Besucher nachäfft. Das heißt, der Affe macht dem Menschen alles nach.

Picasso erfindet den Kubismus

Kubismus: Picasso spielte und gestaltete sehr gerne mit einfachen geometrischen Formen. Sie gaben ihm immer wieder Anlass zu neuen Ideen. So hockte er sehr gerne bei seinen Kindern, wenn diese mit ihren Bauklötzen spielten. Dann war auch er immer gleich Mitspieler. Er saß neben seinen Kindern auf dem Boden und legte mit den Bausteinen abstrakte Köpfe oder baute aus ihnen Skulpturen.

Picasso legt aus Bauklötzen eine kubistische Figur

Material: Bauklötze in einfachen geometrischen Formen

Kindliches Malen setzt sich sehr häufig aus Elementarformen zusammen. Der Kopf ist rund, der Bauch rechteckig oder oval, der

Rock viereckig oder rechteckig. Entsprechend dieser Verwendung von einfachen Formen sollen Kinder mit Bauklötzen Figuren legen.

Picassos Formen-Lied

Melodie: Brüderchen komm, tanz mit mir
Material: schwarzes Tonpapier, Bausteine, Kreide für jedes Kind

1. Picasso komm und mal mit mir,
   meine Hände reich ich dir.
   Einmal hin, einmal her,
   Bilder malen ist nicht schwer.
(Tonpapier, Kreide und Bausteine liegen vor jedem Kind)

2. Picasso komm und mal mit mir,
   viele Formen reich ich dir.
   Leg sie hier, leg sie da,
   so entstehen Köpfe gar.

3. Picasso komm und mal mit mir,
   zwei Dreiecke reich ich dir.
   Eines hier und eines dort,
   Augen hat der Kopf sofort.
(Kinder legen Formen als Augen auf das Tonpapier)

4. Picasso komm und mal mit mir,
   aus Rechtecken wähle dir
   eine Nas, einen Mund,
   nun fehlt noch das Kugelrund.
(Kinder legen Formen wie im Text beschrieben)

5. Picasso komm und mal mit mir,
   meine Kreide reich ich dir.
   Einmal rund ums Gesicht, dann sieht man den Kopf endlich.
(Kinder malen mit der Kreide einen Kreis um Augen, Nase und Mund.)

Picasso malt mit Freunden ein Bild aus einem Kreis und Dreiecken

Material: großflächige Kartonage, Bleistift, Temperafarbe, Becher, Pinsel

Es werden Vierer-Gruppen gebildet. Jede Gruppe teilt ihr Bild mit Bleistift gemäß der vorliegenden Zeichnung ein. Dann erfolgen drei verschiedene Arbeitsschritte. Jedes der Kinder darf eines der an den Ecken befindlichen Dreiecke (A) so ausmalen wie es möchte. Dabei darf es sich jedoch beim Malen nicht mit den anderen austauschen.

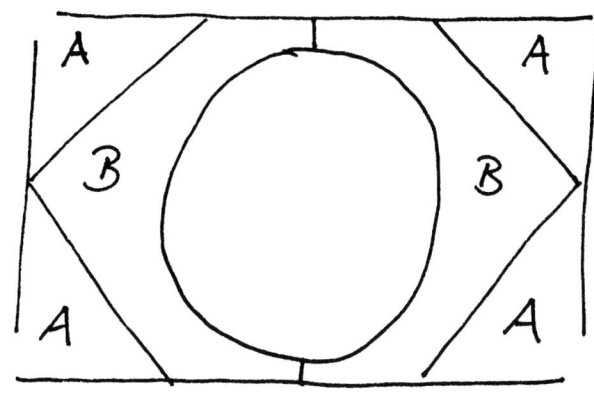

In einem zweiten Schritt müssen sich innerhalb der Vierer-Gruppe jeweils zwei Kinder finden, die gemeinsam miteinander malen möchten. Dazu steht jeder Zweier-Gruppe eine Fläche (B) zur Verfügung. Bei diesem Schritt müssen sich die beiden Gruppenmitglieder jedoch bei der Gestaltung der Fläche absprechen. In einem dritten Schritt sollen die vier am Malen beteiligten Kinder gemeinsam den Kreis ausmalen. Auch dabei sollte zuvor ein Einigungsprozess bezüglich des Ausgestaltens erfolgen.

Picasso malt mit Freunden ein Scherbenbild

Material: sehr großer Bogen Karton, Bleistift, Temperafarbe, Becher, Pinsel, verschiedene Gegenstände (Schüssel, Teller, Tassen, Pullover, Schuhe, Hose, usw.)

Auf dem Boden wird ein großer Karton ausgelegt. Auf den Karton werden nacheinander verschiedene Gegenstände gelegt, deren Umrisse mit Bleistift umfahren werden. Auf diese Art und Weise entstehen zahlreiche sich überschneidende Flächen. Diese Flächen werden anschließend bunt ausgemalt.

Picassos Traum (eine Meditation)

Stelle dir vor, du bist Picasso, der berühmte Maler, der im sonnigen warmen Spanien geboren wurde.

Schon seit langem träumst du von einer Reise in das schöne Paris, wo du deine Bilder in großen Museen ausstellen könntest. Doch deine Arme und Beine sind schwer, du bist müde und hast kaum Kraft, dich auf diese große Reise zu begeben.

Du blickst aus deinem Fenster aufs blaue Meer. Du beobachtest, wie die Wellen kommen und gehen und deine Augen schwei-

fen hinaus auf die weite See. Dort wird dein Blick von einem großen Schiff gefesselt, welches sich am Horizont Richtung Paris bewegt, und du beginnst zu träumen. Du träumst, das dass Schiff gerade anlegt, um dich an Bord zu nehmen. Auf dem Rücken trägst du schweres Gepäck. Du kannst kaum einen Schritt vor den anderen setzen, so schwer sind Bilder, Block, Pinsel, Farben und Staffelei, welche du mit dir trägst.

Doch der Gedanke endlich in Paris deine Bilder ausstellen zu können, gibt dir Kraft an Bord zu gehen. Auf dem Schiff angekommen, fällst du müde in deine Schlafkoje und ein tiefer Traum führt dich nach Paris.

Du siehst prächtige große Straßen.

Du siehst den Eifelturm.

Du hörst eine fremde Sprache.

Du triffst andere Künstler, die deine Freunde werden.

Diese Künstler malen anders als du. Sie malen Bilder von Menschen mit zwei Nasen, zwei Mündern, schrägen Ohren und schiefen Augen. Sie malen Bilder mit eckigen Trauben, dreieckigen Birnen und quadratischen Äpfeln. Man könnte glauben, sie tragen eine Brille, welche ihnen alles, was sie malen, in kleine Formen und Scherben zerlegt. Ihre Bilder sehen aus wie ein falsch zusammengesetztes Puzzle. Dir gefallen diese Bilder gut und du beschließt ebensolche Bilder zu malen. Doch gerade als du vor der Leinwand stehst und zum Pinsel greifen

möchtest, hörst du von fern deinen Namen. Der Ruf bringt dich aus deinen Träumen wieder in die Gegenwart. Nur langsam öffnest du die Augen. Vielleicht hast du, obgleich es nur ein Traum war, Spaß daran hier und jetzt dein Bild zu malen.

Picasso malt mit Freunden ein Schwellkopf-Bild

Material: sehr großer Bogen Karton, Bleistift, Temperafarbe, Becher, Pinsel

Es werden Vierer-Gruppen gebildet. Die Gruppe verteilt sich um den Tisch. Vor ihnen liegt ein großer Bogen Karton, in dessen Mitte zuvor ein großer Kreis gemalt wurde. Dieser ist Ausgangspunkt für die nachfolgende Gestaltungsaufgabe. Jedes Kind soll von diesem Kreis ausgehend einen Menschen malen. Dabei bildet der Kreis für alle vier Kinder den Kopf ihres Menschen. Jedes Kind soll Wert darauf legen, selbst auch Augen, Nase, Ohren und Mund in den Kreis hineinzumalen. So entsteht ein großer Schwellkopf mit acht Augen, vier Nasen, acht Ohren und vier Mündern. Beim Malen sollen sich die Kinder genau überlegen, ob sie ihre Figur im Profil oder frontal darstellen möchten. Dieser Überlegung sollen beim Malen des Kopfes Rechnung tragen. So entsteht eine auf den ersten Blick ähnlich verwirrende, interessante Kopfdarstellung, wie sie häufig in Picassos Bildern auftaucht.

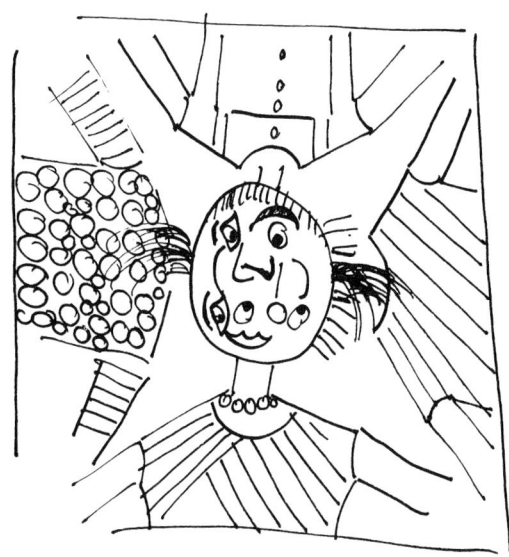

Picasso entdeckt die Collage

Eines Tages zerschnitt Picasso aus Versehen drei seiner schönsten Bilder. Sie stellten Porträts seiner Frau und von Freunden dar. Um den Schaden etwas zu begrenzen, setzte er sich hin und versuchte die Bilder wieder zusammen zu kleben. Doch als er fertig war, fehlten ihm einige Schnipsel. So ging er hin und ersetzte die Löcher in den Bildern durch Tapeten und Zeitungsreste. Als er fertig war, schaute er sich die Bilder an. Er entdeckte, dass er die Schnipsel teilweise nicht richtig zusammengeklebt hatte und die Nasen und Augen der Porträts nicht an der richtigen Stelle klebten. Dennoch gefielen ihm die Bilder sehr gut und die Zeitungsschnipsel in den Bildern fand er einfach toll. Er beschloss, seine Bilder jetzt häufiger auf diese Weise anzufertigen und das plastische Gestalten auch eher mal dem Zufall zu überlassen.

Picasso sucht einfache Formen in seiner Umgebung
Material: Wachsmalstifte, Zeichenblatt

Bei dieser Aufgabe sollen die Kinder einfache Gegenstände aus ihrer Umgebung suchen, deren Form beim malerischen Gestalten behilflich sein kann (Teller, Becher, Streichholzschachtel, Käseschachtel, usw.). Die Gegenstände werden mit Wachsmalstiften umfahren, um Erleichterung und Hilfestellung beim Malen zu geben.
Eine passende Aufgabenstellung könnte lauten: Suche Formen, die dir beim Malen eines Autos behilflich sein könnten.

Picassos experimentelle Collagegesichter
Material: Zeitschriften, Klebstoff, Schere, Zeichenpapier, Stifte (Bleistift, Filzstift)

Kinder schneiden aus vielen verschiedenen Zeitschriften Augen, Nasen und Münder aus. Diese kleben sie willkürlich auf das Zeichenblatt. Sind alle Gesichtsteile aufgeklebt, besteht nun die Aufgabe darin, mit Hilfe eines Stiftes je zwei Augen, eine Nase und einen Mund so zu umfahren, dass sie ansatzweise ein Gesicht bilden. Dabei kann schon mal der Mund auf der Stirn sitzen oder ein Auge am Kinn hängen.

Picasso gestaltet Bilder aus Viertelgesichtern

Material: Zeitschriften, Klebstoff, Schere, Zeichenpapier, Stifte (Bleistift, Filzstift)

Die Kinder suchen aus Zeitschriften viele unterschiedliche, frontal-ganzseitige Kopfdarstellungen heraus. Diese Kopfdarstellungen werden jeweils in der Mitte einmal horizontal, einmal vertikal zerschnitten, so dass sich der Kopf in vier gleich große Viertel zerteilt. Sind genügend Köpfe gesammelt und geviertelt worden, besteht die Aufgabe der Kinder darin, je vier Viertel wieder zu einem Kopf mit zwei Augen, einer Nase und einem Mund zusammen zu setzen. Diese werden dann mit Klebstoff auf dem Zeichenblatt fixiert. Dabei dürfen jedoch keine zwei Viertel des gleichen Kopfes verwendet werden.

Picasso macht aus zwei Bildern eins

Material: Zeitschriften, Klebstoff, Schere, Zeichenpapier.

Kinder suchen sich aus Zeitschriften zwei gleich große, möglichst ganzseitige Bilder A und B aus, die ihnen gut gefallen. Diese zerschneiden sie in ungefähr zehn Streifen.
Dann beginnt der zweite Arbeitsschritt. Denn diese Bilder sollen gemäß ihrem ursprünglichen Aussehen nun so aufgeklebt werden, dass sich immer ein Streifen des Bildes A mit einem des Bildes B abwechselt.

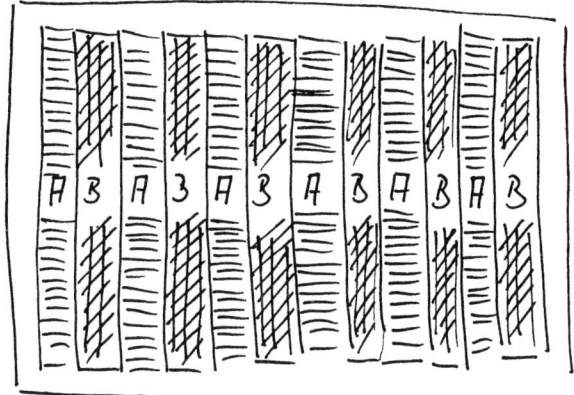

Picasso deformiert durch Überkleben

Material: Zeitschriften, Klebstoff, Schere, Zeichenpapier, Stoffreste (Spitzenstoffe, transparente Stoffe, Seide, usw.), Tapetenreste

Aus einer Zeitschrift suchen sich die Kinder ein ganzseitiges, recht buntes Bild aus. Dieses Bild wird mit Klebstoff auf das Zeichenpapier aufgeklebt. In einem weiteren Schritt überkleben die Kinder Teile des Bildes mit bunten Stoffresten.

Kinder helfen Picasso beim Zertrümmern

Material für jedes Kind: eine Kunstpostkarte eines Picasso-Bildes, Klebstoff, Zeichenpapier, Temperafarbe, Pinsel, Becher

Jedes Kind zerreißt seine Kunstpostkarte in viele kleine Schnipsel. Diese werden willkürlich quer über das gesamte Zei-

chenpapier aufgeklebt. Die nicht beklebten Flächen bemalen die Kinder in einem weiteren Gestaltungsschritt.

Picassos Collage-Spiel

Material: für jedes Kind einen Katalog, Klebstoff, Schere Zeichenpapier, Filzstifte, Würfel

Gemeinsam (höchstens 6 Kinder) gestalten die Kinder bei dieser Aufgabe ein Collagebild. Dabei sitzen alle um die Zeichenfläche herum. Die Kinder haben einen Würfel zur Hand.
Würfelt ein Kind eine 1, so darf es aus dem Katalog eine Hose ausschneiden.
Würfelt ein Kind eine 2, so darf es aus dem Katalog einen Rock ausschneiden.
Würfelt ein Kind eine 3, so darf es aus dem Katalog ein Gesicht ausschneiden.
Würfelt ein Kind eine 4, so darf es aus dem Katalog ein Kleid ausschneiden.
Würfelt ein Kind ein 5, so darf es aus dem Katalog ein Hemd ausschneiden.
Würfelt ein Kind eine 6, so darf es aus dem Katalog einen Pullover ausschneiden.

Gewürfelt wird reihum. Nach jedem Wurf sucht jedes Kind entsprechend seiner Augenzahl den passenden Gegenstand aus dem Katalog heraus, schneidet ihn aus und klebt ihn beliebig auf das Zeichenblatt. Gespielt werden je nach Anzahl der Mitspieler und Größe des Zeichenpapiers bis zu acht Runden (bei sechs Mitspielern höchstens fünf Runden). Ist die Würfelrunde beendet, beginnt der Ausgestaltungsteil. Jedes Kind muss zu seiner Collage die restlichen Körperteile mit Filzstift hinzumalen.

Picasso entdeckt das objet trouve

Man glaubt es kaum, was Picasso in seinem nie aufgeräumten Atelier so alles gefunden hat, um daraus eine Skulptur zu erstellen. Egal wo er war, überall sammelte er Dinge, von denen er glaubte, sie irgendwann einmal in einer Skulptur verwenden zu können. Wenn er nach Hause kam, legte er Dinge irgendwo in seinem Atelier ab und vergaß sie. Mit Freude fand er sie nach einiger Zeit wieder. Sie beflügelten dann seine Fantasie und schon entstanden aus ihnen die tollsten Skulpturen. Wen wundert es da, wenn aus einem Nagel plötzlich ein Schnabel wurde, aus einer Gabel der Fuß eines Vogels oder aus einer Vase der Kopf eines Affen.

Kinder gestalten mit Techniken des Entdeckens und Verfremdens
Kinder sind von Geburt an Entdecker. Tagein und tagaus entdecken sie für sich Neues und Faszinierendes. Sie sind neugierig und wissbegierig auf ihre Umwelt. Sie stellt für Kinder ein großes Geheimnis dar.

Mit Freude erobern sie selbstständig ohne Anleitung ihre Umwelt. Dazu schöpfen sie all ihre Sinne aus. Es ist wie ein Spiel. Was sie entdecken und sie interessiert, heben sie auf und verwahren es wie eine kleine Kostbarkeit. Das Entdeckte ist ein kleiner Schatz. Voller Stolz wird das objet trouve, ein schön gefärbter Stein, ein Knopf, eine Schachtel, eine Blume, ein Blumentopf etc., untersucht und den Begleitpersonen gezeigt, so dass mancher Erwachsener sich wundert, was ihm bisher entging. Denn ein Kind entdeckt mit anderen Augen. Gleichzeitig fällt es Kindern leicht, diesen Dingen eine neue Funktion zu Teil werden zu lassen. Sie zweckentfremden Gegenstände um sie anderweitig einzusetzen. In dem sie die Funktion von Alltagsgegenständen verändern und sie verfremden, erweitert sich die Bandbreite ihrer Lösungsmöglichkeiten. Kinder gehen kreativ mit ihrer Umwelt um. Sie entdecken für sich neue Spielräume und befreien sich von Einschränkungen. Haben Kinder diese Möglichkeit, Fantasie zu entfalten nicht, wird ihnen ein Bereich ihrer Kreativität genommen. Denn entdecken, verändern und verfremden bedeutet Entdecktes aktiv assoziativ zu beeinflussen, Neues zu entwickeln und dabei kreative Techniken wie Assoziationsfähigkeit, Flexibilität und Spontaneität fortzuentwickeln und einzusetzen.

Praktische Tipps zum Sammeln

Will man frei mit Kindern experimentieren und assoziieren, kann man grundsätzlich alle Materialien und alle Gegenstände irgendwann einmal gebrauchen. Doch wird in einer Kindertageseinrichtung alles und jedes gesammelt und gehortet, droht Vermüllung. Darum also immer gezielt suchen und organisieren und sich auch schon mal von liebgewordenen „Altertümchen" trennen. Denn nicht die Menge an Material inspiriert, sondern die Reduktion auf wenige Materialien fördert die Kreativität. Doch welche Dinge lohnt es sich zu suchen, um die Assoziationsfähigkeit von Kindern zu fördern und wo sind geeigneten Fundorte?

- Kisten, Schuhkartons, Streichholzschachteln. Schuhkartons werden von Schuhläden gerne gesammelt und abgegeben. Supermärkte bieten ein großes Arsenal an riesengroßen Kartons.
- Filmdöschen werden gerne von Fotoläden abgegeben.
- Im Wald und in freier Natur findet man unzählige Materialien, die sich zum Experimentieren eignen. (Rinde, Holzabfälle, Geäst, Steine, Blätter).
- Schreinereien geben sehr gerne kleinere Holzabfälle in allen Variationen ab.
- Am Markttag in Dörfern und Städten fällt jede Menge Müll durch Verpackungsmaterial an. Es ist ein Fundort für Obstkisten, Paletten, Blumentöpfe und Eierkartons.
- Reisebüros sind gerade zum Saisonwechsel Sommer/Winter froh, wenn sie ihre alten Kataloge los werden können.
- In Druckereien fallen sehr viele Fehldrucke an, die jedoch meist noch von einer Seite verwendbar sind. Auch sie werden auf Anfrage sehr gerne abgegeben.
- In Papierfabriken fällt schon mal Ausschussware an. Das Nachfragen lohnt sich.
- Auch bei Anstreichern wechselt je nach Mode das Tapetenbuch. Die alten Bücher werden gerne abgegeben.
- Teppichläden bieten den Käufern ihren Teppichboden auf größeren Rollen an. Wenn also größere und dickere Papprollen benötigt werden: Nur Mut einfach nachfragen. Sie gehen sicherlich nicht leer aus.
- Das gleiche gilt für Stoffläden. Auch sie bieten ihre Ware auf dickeren und größeren Papprollen an.
- Benötigen sie WC-Papprollen oder Papprollen von Küchentüchern? Dann wenden sie sich an ein Hotel oder eine Gaststätte in ihrem Ort.
- Benötigen Sie Flaschen von Putz-, Spül- oder Waschmittel? Sagen Sie doch einfach den Kindern Bescheid. Die gesamte Verwandtschaft sammelt gerne für den Sprössling.

Picasso baut einen Plastikvogel

Material: Plastikflaschen von Putz- oder Waschmitteln, Dispersions- oder Tempera-farbe, Klebstoff, viele unterschiedliche Stoffe, Kartonagen und Papiere

Die Plastikflasche soll als Körper des Vogels dienen. Dieser soll zusätzlich bemalt und beklebt werden, so dass letztendlich aus der alten Plastikflasche ein Fantasievogel entsteht.

Picasso baut ein Müllmonster

Material: gefüllter gelber Sack, Klebstoff, Tacker

Aus dem Inhalt eines gelben Sackes wird mit Hilfe von Klebstoff ein Müllmonster erstellt.

Picasso baut Papier- oder Müllsackkostüme

Material: Tapete, Kartonage, Klebstoff, Tacker, Schere, Klebstoff, Müllsäcke in verschiedenen Farben, Klebeband, Zeitungen

Material etc. vor, aus welcher der Kopf gebaut werden soll. Daraufhin machen sich die Mitspielenden auf die Suche nach Dingen, die geeignet scheinen um damit einen entsprechenden Kopf zu erstellen. Ist als Bereich z.B. Küchenutensilien vorgegeben, suchen die Kinder Kochtöpfe, Trichter, Gabeln, Löffel, usw. und stellen damit einen Kopf dar.

Picassos Überraschungstüte

Materialien: Tüten, viele verschiedene Materialien (Stoffreste, Schachteln, Papier, Perlen, Fotodöschen, Garnrollen, Überraschungseier, Nüsse, Nägel usw.), Scheren, Klebstoff

Aus dem zur Verfügung stehenden Material sollen gemeinsam Kostüme erstellt werden. Anschließend findet eine Modenschau statt.

Objet-trouve-Spiel

Im Spiel geht es darum, Kopfplastiken aus Alltagsgegenständen zu bauen. Die Erzieherin gibt entweder eine Farbe, einen Bereich, einen Gegenstand, eine Form, ein

Eine Erzieherin bereitet für jedes Kind eine Tüte vor, die mit verschiedenen Materialien und Dingen gefüllt ist. Daraus sollen die Kinder anschließend einen Paradiesvogel bauen.

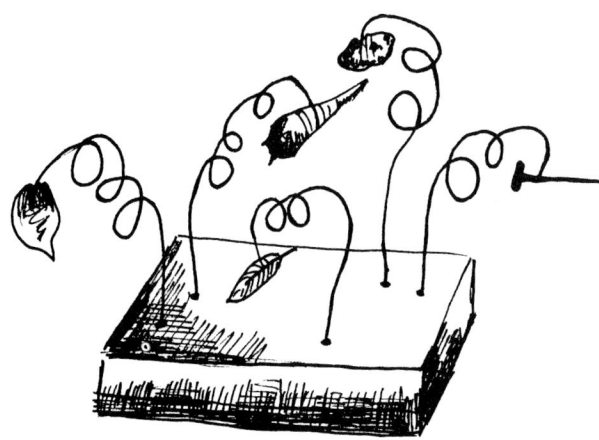

bei können sie ihrer Fantasie freien Lauf lassen. Sind alle Holzreste verarbeitet, können die Kinder anschließend einzelne Holzstückchen an der Skulptur mit Wachsmalstiften anmalen.

Ideal wäre ein größerer Stamm oder ein größeres Brett, auf dem die Kinder ihre Holzstücke festnageln können.

Tipp: Ein Besen als Grundlage (Bürste = Haare oder Kopf; Besenstiel = Hals) motiviert die Kinder, dem Besen Arme und Beine anzunageln (Zeichnung). So entstehen Besengeister.

Objet-trouve-Skulptur
Material: Styropor, Draht, Schere, Zange, Naturmaterial oder einfacher Krimskrams

Auf einem Entdeckungsspaziergang erhalten die Kinder die Aufgabe, in der Natur Dinge zu suchen, die ihnen besonders gut gefallen. Zu Haus angekommen, drahten die Kinder die gefundenen Gegenstände an und stecken sie anschließend mit Hilfe des Drahtes in das Styropor.

Picasso baut eine Holzfantasieskulptur
Material: Holzreste, Bretter, Stämme, Nägel, Hammer, Sperrholzplatte, Bastelleim, eventuell Heißklebepistole

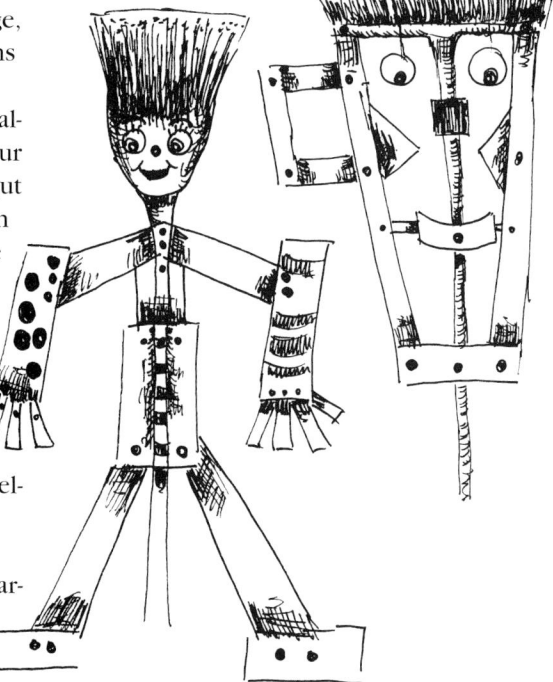

Holzreste werden zu einer Skulptur verarbeitet. Dazu nageln oder kleben die Kinder die Holzreste aufeinander. Da-

mit Schraubösen verbunden. Durch die Schraubösen werden Fäden gezogen und festgeknotet. Am anderen Ende der Fäden wird wieder eine Schlinge geknotet, die in die Finger eingehängt werden kann. So lassen sich anschließend die fantasievoll ausgestalteten Klapperwesen bewegen.

Picasso baut eine Naturskulptur
Material: Naturmaterial, Seil, Astgabel

Bei einer Wanderung oder einem Spaziergang werden Naturmaterialien gesucht,

Picasso baut hölzerne Klapperwesen
Material: Unterschiedliche dicke Äste, Schraubösen, Säge, Zange, Fäden

Die Äste werden in unterschiedlichen Längen zugeschnitten und miteinander

wie z.B. Gräser, Äste, Weiden, Rinde, Moos, usw.

Das Seil wird so über die Astgabel gewickelt, dass die Naturgegenstände anschließend eingewebt werden können.

Picasso baut Schachteltiere
Material: Schachteln, Kisten aller Größen, Klebeband, WC- und Küchenrollen, Draht, Fotodöschen, Teppichrollen, Klebstoff, Seil, Scheren, Zange, Material zum Dekorieren.

Die Schachteln, Kisten etc. werden zu fliegenden Fantasietieren zusammengebaut und anschließend mit einem Seil auf-

gehängt. Mögliche Themen: fliegender Fisch, fliegende Schlange, fliegender Drache, fliegendes Schwein usw.) Natürlich können die Figuren bemalt oder beklebt werden.

Zeitungsschlossskulptur
Material: jede Menge Zeitungen

Kinder bilden Paare. Jedes Paar erhält einen großen Stapel Zeitungen. Die Kinder sollen innerhalb einer bestimmten Zeit ein Zeitungsschloss bauen, in dem mindestens eines der beiden Kinder Platz nehmen kann.

JEAN TINGUELY: EINE ZEICHENMASCHINE

Der Künstler und sein Werk

Jean Tinguely wurde 1925 im schweizerischen Freiburg geboren. Als Jugendlicher machte er eine Lehre als Dekorateur. Er studierte von 1941 bis 1945 an der Kunstgewerbeschule in Basel. Nach dem Krieg nahm er seinen Job als Dekorateur wieder auf. 1952 zog er nach Paris und gründete 1960 eine Künstlergruppe mit dem Namen Nouveaux Realiste. Die Mitglieder dieser Gruppe beschäftigten sich mit dem experimentellen Umgang mit verschiedensten Materialien der Wohlstandsgesellschaft. Denn sie wollten in ihren Arbeiten den Zusammenhang zwischen Kunst und Leben deutlich machen. Einige Jahre später begann Tinguely, aus Schrottteilen Skulpturen zu bauen. Er behauptete von sich selber, er baue Maschinen, die sich bewegen und zu nichts nütze sind. Es waren sogenannte Fantasiemaschinen. Seit 1963 baute er diese monumentale Maschinen, die mit Hilfe von Elektromotoren, Rädern und Treibriemen in Bewegung gesetzt wurden.

Diese Skulpturen konnte man dadurch nicht mehr nur sehen und betasten, sondern auch riechen (Schmierfett, Schmier-

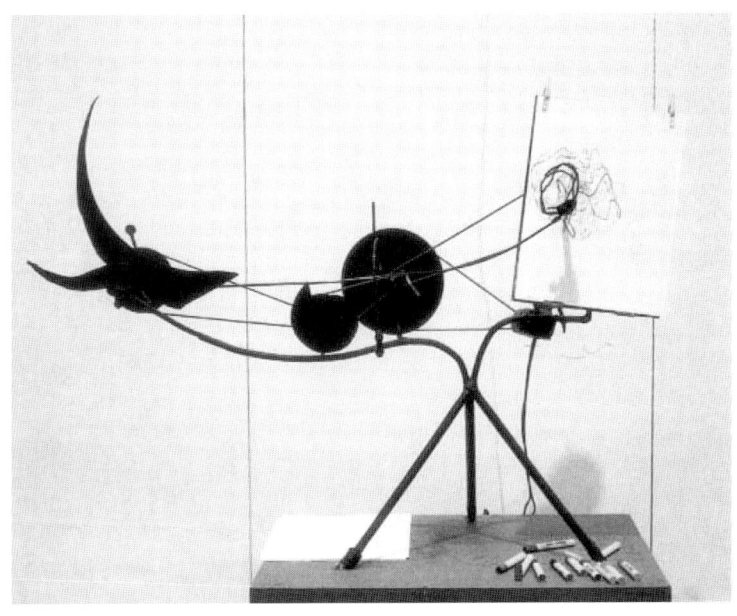

öl) und auch hören, wenn die Motoren ertönten. Alteisen und Schrott waren das bevorzugte Arbeitsmaterial Tinguelys. Schrottplätze waren für ihn die besten Fundgruben für seine Arbeit. Aber auch technisches Gerät wurde von ihm zerlegt, deformiert, durch Schlagen, Drücken und Hämmern verformt und anschließend zu einer sich bewegenden Fantasiemaschine miteinander verbunden. Tinguelys Skulpturen waren in ständiger Bewegung. Deshalb nannte er sie auch kinetische Skulpturen (kinetisch = Objekte bewegen sich selbst oder lassen sich bewegen).

Als Antriebskräfte dienten ihm dabei Wind, Wasser oder Motoren. Zwischen 1960 und 1964 begann eine rege Zusammenarbeit Jean Tinguels mit Niki de Saint Phalle (vgl. folgendes Kapitel). So verwirklichte Jean Tinguely gemeinsam mit Niki in Paris neben dem Centre Pompidu zu Ehren des Komponisten Igor Strawinsky den Strawinskybrunnen. Viele andere Werke sind gemeinsamen Ursprungs. Tinguely und Niki verband eine tiefe Freundschaft, sowohl auf beruflicher als auch privater Ebene. Jeder gab dem anderen Kraft für sein schöpferisches Tun. 1991 starb Tinguely in Bern. Niki de Saint Phalle kümmert sich um seinen Nachlass und versucht dazu beizutragen, das Andenken an Jean und sein Werk zu erhalten.

„Eine Zeichenmaschine"
(Privatbesitz)

Jean Tinguely wird 1959 zur Pariser Kunstbienale eingeladen. Er sollte zu diesem Ereignis ein Werk ausstellen. Tinguely ließ sich etwas so Eigenartiges einfallen, dass viele gegen seine Skulptur anfangs Protest einlegten. Doch mit der Zeit wurde sie zum Publikumsliebling. Es handelte sich um eine, 55 kg schwere Zeichenmaschine aus Eisen, die im Hof des Musee d'art moderne aufgestellt wurde. Tinguely hatte sie aus Metallabfällen zusammengefügt. Mit Hilfe eines Benzinmotors wurde sie angetrieben. Sobald ihr Motor lief, setzte sich ihr mechanischer Zeichenarm in Bewegung, an dessen Ende ein Zeichenstift befestigt war. Dieser Arm bekritzelte eine dicke Papierrolle. Dadurch entstand ein abstraktes Bild. War das Bildwerk der Zeichenmaschine beendet so schnitt die Maschine das Papier ab und verschenkte 40.000 ihrer Bilder während der Ausstellungszeit in Paris mit Kraft eines Ventilators an das Museumspublikum. Dabei rollte die Maschine im Hof des Museums hin und her. Ihre Abgase rochen nach Maiglöckchenduft und bliesen unaufhörlich einen Ballon auf, der, sobald er mit einem lauten Knall zerplatzt war, durch einen neuen ersetzt wurde. Die Zeichenmaschine verdeutlicht die gestalterischen Träume Tinguelys, nämlich in einer Plastik visuelle, olfaktorische, akustische und kinetische Erlebnisse zu vereinen. Eine Vielzahl seiner Werke befinden sich in der Schweiz. Zu nennen wären hier die beiden Museen, die ihm zu Ehren ins Leben gerufen wurden: das Tinguely-Museum in Basel und in seiner Geburtsstadt Fribourg der Espace Jean Tinguely – Niki de Saint Phalle. In der Nähe von Paris, im Wald des Städtchens Milly, steht „Der Zyklop", ein monumentales Werk von Tinguely. Es handelt sich hier um eine riesige begehbare Maschinenskulptur. Viele andere Werke befinden sich in Privatbesitz. Auch in deutschen Museen gibt es die Möglichkeit, Werke von Tinguely zu bewundern. Dazu bietet sich zum Beispiel das Städtische Museum Abteiberg Mönchengladbach oder das Museum Ludwig in Köln an.

Fragen zur Zeichenmaschine

- Beschreibt, was zu sehen ist.
- Was fällt besonders daran auf?
- Was gefällt dir / gefällt dir nicht?
- Wie glaubst du, sahen die Bilder aus, welche von der Maschine gemalt wurden?
- Wenn du eine Zeichenmaschine bauen wolltest, aus welchen Teilen und Materialien würde sie bestehen?
- Warum hat Tinguely gerade eine Zeichenmaschine gestaltet?
- Wenn du eine Maschine bauen könntest, die dir schwere Arbeiten abnimmt, welche Maschine würdest du bauen?
- Stell dir vor, du wärest eine 55 kg schwere Maschine, wie würdest du dich dann bewegen?

Skulpturen durch Montieren von Schrott

Tinguely baute aus alten Materialien Maschinen, die keinen direkten Nutzen haben. Er hatte einfach Freude daran, sie zu erfinden und aus Schrott zusammen zu bauen. Aber auch Maschinen, die ihm das Leben erleichterten, hatten es ihm angetan. Er freut sich um jeden Erfindungshelfer.

Kinder gestalten mit Schrott

Kinder lieben das Abenteuer und was ist abenteuerlicher, als verbotene Dinge zu tun, mit Werkzeug zu hantieren und unbekanntes Material zu erproben. Einen besonderen Reiz stellt die Werkzeugkiste dar. Sie ist eine wahre Schatzkiste, finden sich doch darin oftmals alte Schrauben, Drahtreste, Metallstücke, Spiralen, Blechteile, Muttern, Flügelschrauben und vielfältige Schrotteile, die der Erwachsene für Notfälle aufbewahrt. Häufig kann man an Sperrmülltagen beobachten, dass Kinder den Wohlstandsmüll sorgfältig durchwühlen. Auf dem Weg zum Kindergarten oder zu Spielkameraden halten sie dort Ausschau nach kostbaren Schätzen in Form ausrangierter Maschinen und Geräten, die sie irgendwo aufbewahren. Die Entdeckungsfreude widmen sie aber auch häufig den verschiedensten verbotenen Dingen innerhalb des Haushaltes, wie Telefonhörer, Handy, Fernbedienung, Wecker, Küchengeräte, usw. Besonders interessant werden diese Gegenstände, wenn Werkzeuge in Form von Schraubenzieher, Hammer, Zange, Bohrer, Nägel etc. zur Verfügung stehen.

Dann wird das eigene Spielzeug schnell zur Nebensache. Denn mit Hilfe des Werkzeugs kann das Kind all die Dinge erkunden, die ihm bisher verborgen blieben. Es kann damit schrauben, auseinander bauen, deformieren, durchbohren und nicht zuletzt entdecken.

Die Bedeutung dieser Tätigkeiten liegt in der Verbindung von kreativem Tun mit der Förderung von Grob- und Feinmotorik, der Wahrnehmungsfähigkeit und der Förderung des Selbstbewusstseins. Welches Kind ist nicht stolz, wenn es mit den gleichen Werkzeugen hantieren darf, wie der Vater, die Mutter oder Handwerker. Das Auseinanderlegen von Objekten ist eine interessante Angelegenheit, weil sich hinter dem kompakten Objekt vielfältige kleine Einzelteile verbergen, für die Kinder in ihrem kreativen Tun immer Verwendung haben. Es ist wie das Entdecken eines kostbaren Schatzes.

Also nur Mut und einmal die Entdeckerfreude am Verbotenen befriedigen, indem man alte Telefone, Wecker etc. zur Verfügung stellt, damit das Innere erkundet werden kann. Das Innenleben eines Elektrogerätes hat einen hohen Aufforderungscharakter und reizt Kinder geradezu zur Zweckentfremdung.

Praktische Tipps zum Sammeln von Schrott

- ♣ Baustelle: Die verschiedensten Handwerker hinterlassen auf einem Bauplatz ihre Spuren in Form von ausrangiertem Arbeitsmaterial. Zum Betreten der Baustelle sollte man am besten die Genehmigung des Bauleiters einholen, um sich mit Kindern vor Ort auf die Suche begeben zu können. Dabei allerdings die Sicherheitskriterien einhalten, damit sich niemand verletzt.

- ♣ Schrottplatz: Mit Genehmigung des Schrottplatzbesitzers ist auch der Schrottplatz eine ideale Fundstelle für ausrangierte Geräte und Metallstücke. Meistens werden die Fundstücke anschließend gewogen und nach Kilogramm-Preis bezahlt.

- ♣ Sperrmüll: Wie wäre es mit einer Ortswanderung am Sperrmülltag? Dieser Tag lässt Sammlerherzen höher schlagen. Hat man was Geeignetes gefunden, rät es sich allerdings, den „Nochbesitzer" um Erlaubnis zu bitten, das Fundstück mitnehmen zu dürfen.

- ♣ Werkzeuge erhält man in jedem Baumarkt: Draht, Zange, Hammer, Nägel, Schraubenzieher, Metallsäge, usw.

- ♣ Was sich zu sammeln lohnt: alte mechanische Wecker, Metallstäbe, Spiralen, Telefone, Fernbedienungen, Fernseher, alte Kabel, Handys, Nägel,

Schrauben, Muttern, Schläuche, Fahrräder, Taschenrechner, alte Radios, alte Gartengeräte, alte Kochtöpfe, altes Besteck, Küchengeräte.

♣ Achtung: Immer vor dem Arbeiten mit Elektrogeräten den Stecker abschneiden. Pflaster für Verletzungen bereitlegen. Schrottteile können sehr scharfkantig sein, deshalb sollte man beim Sammeln und Säubern Handschuhe tragen.

Malen wie die Zeichenmaschine

Material: Klebestreifen, Kopierpapier, dicker Filzstift, Malkittel

Es werden Paare gebildet. Kind A wird mit Hilfe des Klebebandes das Papier auf dem Rücken befestigt. Kind B erhält den Filzstift. Beide zusammen bilden die Zeichenmaschine. Die Aufgabe für den Mitspieler mit dem Blatt besteht nun darin, sich auf unterschiedlichste Weise zu bewegen, so dass der Partner die Bewegungsspur mit Filzstift auf dessen Rücken festhalten kann. Der Mitspieler soll also keine eigenen Motive malen, sondern den Kontakt mit dem Rücken des Mitspielers nicht verlieren und dessen Bewegung als Bewegungsspur festhalten.

Tinguely baut eine Freiluft-Zeichenmaschine

Material: Ein frei hängender Ast an einem Baum, eine leere, an einer Seite offene Konservendose, Nagel, Hammer, Seil, große Bögen Papier oder Tapetenrolle und Temperafarbe

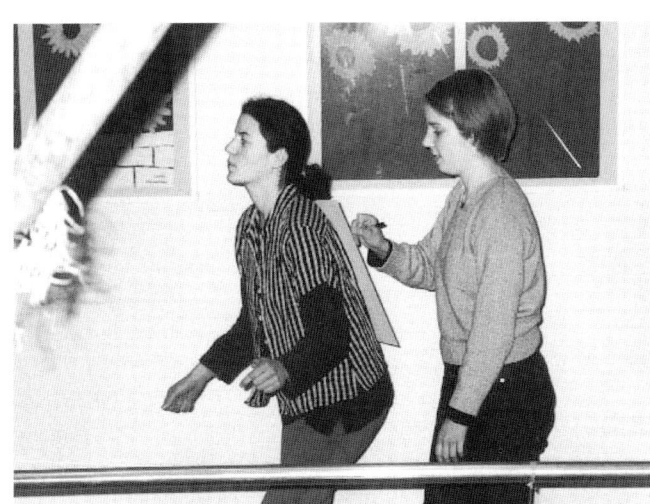

Mit Hammer und dem Nagel werden am oberen Rand der Dose zwei einander gegenüberliegende Löcher gebohrt. Anschließend wird der Boden der Dose durchlöchert, indem Nägel eingeschlagen werden. Dann werden durch die seitlichen Löcher zwei Seile gezogen und fest miteinander verknotet. So hängt die Dose am Seil. Nun wird das Seil an einem stabilen Ast befestigt.

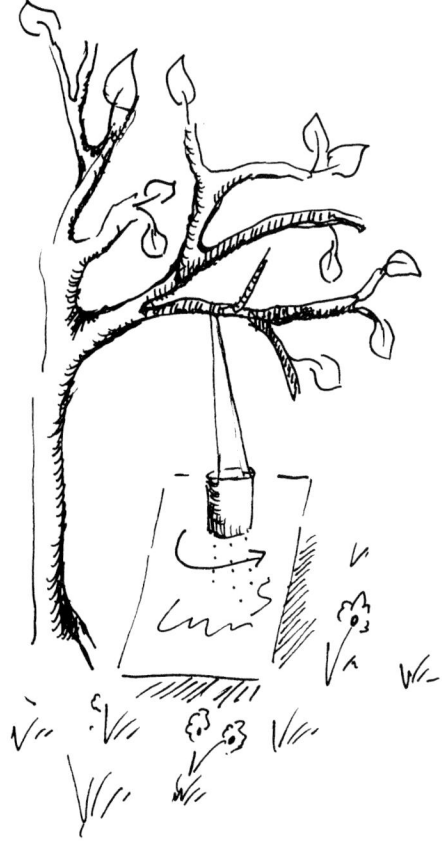

hinterlässt sie farbige Muster und Spuren auf dem Zeichenpapier.

Tinguely erfindet eine Zeichenrollmaschine

Material: Rollbrett, Temperafarbe, Spielzeugautos, Malkittel, Tapete

Ein Kind taucht die Räder von zwei Spielzeugautos in die Temprafarbe und legt sich anschließend mit dem Bauch auf das Rollbrett. Die Autos stellt es links und rechts neben sich und hält sie gut fest. Nun wird es von einem anderen Kind mit dem Rollbrett über die Tapetenbahn gerollt. Dabei hinterlassen die eingefärbten Räder der Spielzeugautos ihre Spuren auf dem Boden.

Tinguely erstellt eine Druckmaschine

Material: ein Teller, Pappe, Bleistift, Schere, Wolle, kleine Zahnräder (aus dem Inneren eines alten Weckers), Druckfarbe, Nadeln, Schere, 100 bis 50 cm große Styroporplatte

Das Seil muss so lang sein, dass die Dose ungefähr 30 bis 40 cm über dem Boden pendeln kann. Die Fläche unter dem Ast wird großzügig mit Zeichenpapier ausgelegt. Nun kann der Freiluft-Zeichenspaß beginnen. In die Dose wird verdünnte Temperafarbe gegossen. Diese sickert sofort durch die Dosenlöcher. Bringt man die Dose mit leichtem Schwung zum Pendeln,

Der Teller wird als Schablone benutzt, um mehrere Kreise auf Pappe zu zeichnen. Die Kreise werden ausgeschnitten.
Nun werden die Zahnräder mit Druckfarbe versehen. Die Kinder bedrucken damit die Kreise in verschiedenen Farben. Ist die Druckfarbe getrocknet, werden die Kreise auf der Styroporplatte befestigt. In die Kreise werden Nadeln gesteckt, über die anschließend Fäden gespannt werden. So

entsteht der Eindruck von miteinander verbundenen Zahnrädern.

Tinguely erfindet eine Gleichgewichtsmaschine

Material: Teppichrolle, Holzbrett, ca. 80 bis 50 cm

Das Brett wird auf die Teppichrolle gelegt, und schon kann es mit den Gleichgewichtsübungen los gehen.

Maschineningenieur

Material: Buntstifte und Papier

Die Kinder sollen selber mit Buntstiften eine Maschine malen. Themen: Traummaschine, Fantasiemaschine, Ideenmaschine, Katzenfüttermaschine, schwimmender Abenteuerspielplatz, fliegender Zug, eine Kofferpackmaschine.
Variante: Kinder suchen aus Zeitschriften Einzelteile zusammen, aus der sie ihre Figur zusammensetzen wollen. Die Zeitungsausschnitte werden anschließend als Maschine auf dem Papier zusammen arrangiert und mit Hilfe von Klebstoff fixiert.

Tinguelys Kinderzimmerputzmaschine

Material: eine Vielzahl von Bürsten, Schrubbern, Handfegern, Putzlappen, Scheuerlappen, Seifen und Band oder Schnur

Ein Kind stellt sich zur Verfügung, welches sich als Kinderzimmerputzmaschine verkleiden lässt. Nun dürfen die anderen Kinder aus der Gruppe am ganzen Körper des Kindes die Bürsten, Putzlappen, etc. befestigen.

Tinguely baut eine Skimaschine

Material: zwei 3 m lange Bretter, Leder, Nägel, Hammer

Die zwei Bretter dienen als Ski. Diese brauchen Schuhschlaufen damit man sie anziehen kann. Dazu wird das Leder in 5 cm breite Streifen geschnitten. Für sechs Mitspieler benötigt man 12 Streifen. Jedes Holzbrett erhält in gleichem Abstand sechs Schlaufen, die als Halterung für die Füße mit Hammer und Nägeln befestigt

Schrottsammler

Auf einem Schrottplatz suchen und sortieren die Kinder nach Herzenslust abgelegtes und ausrangiertes Material unter dem Aspekt der Oberflächenbeschaffenheit, Farbe, Form, Gegenstand und Verrottungszustand.

Gestaltung eines Schrott-Tastreliefs

Material: Holzplatte 100×50 cm, Hammer, Nägel, viele kleine Gegenstände vom Schrott- oder Bauplatz.

Zusammengesuchte kleinere Schrottgegenstände werden auf eine Holzplatte montiert. Sie dient anschließend als Tastwand.

Tinguely baut einen Schrottgeist

Material: verschiedenste Schrottteile, Nägel, Hammer, Zange, Draht, Kabel

werden. Sind alle Schlaufen rechts und links in gleichem Abstand angebracht worden, kann das Gruppenskifahren beginnen.

Tinguely benötigte sehr viel Schrott, um seine Maschinen zu bauen. So zog er fast jeden Tag hinaus auf den Schrottplatz, um geeignetes Material zu finden. Hatte er das notwendige Material gefunden, musste es gesäubert und sortiert werden. Nach der Reinigung fing Tinguely direkt damit an, aus den Schrottteilen eine Maschine, ein Objekt oder eine Skulptur zusammenzubauen.

Kinder suchen die verschiedensten Schrottteile zusammen und versuchen daraus eine Figur zu erstellen. Die Einzelteile lassen sich mit Draht oder dem Inneren eines Elektrokabels verbinden. Vielleicht lassen sich die Teile auch miteinander verschrauben oder mit Klebeband fixieren. *Variante:* Kinder bauen eine abstrakte Schrottskulptur

Tinguely der Mechaniker

Material: alte ausrangierte Wecker, Telefone, Elektrogeräte, Schraubenzieher, Zangen

Tinguely baut aus Schrott Handpuppen

Material: Küchensiebe, Gabeln, Löffel, Haushaltsmüll, Material zum Dekorieren (Papier, Perlen, Stoffe), Klebstoff, Schere

Kinder sollen diesen Küchengeräten mit Hilfe des Dekomaterials ein Gesicht und einen Charakter geben. Vielleicht fallen den Kindern noch ganz andere Geräte oder Objekte ein, denen sie ein Gesicht geben könnten.

Tinguely baut eine Trommel aus einer Keksdose

Material: eine runde Keksdose, Nagel, Hammer, Seil, Schere

Tinguely ging es beim Gestalten seiner Schrottskulpturen auch immer darum, dass diese in der Lage waren Geräusche zu machen.

In die Keksdose werden einander gegenüberliegend knapp unter dem Deckel zwei Löcher mit Hilfe von Nagel und Hammer gebohrt. Durch die beiden Löcher wird dann das Seil gezogen und im Innern der Dose verknotet. Nun kann die Trommel um den Hals gehängt und dann bespielt werden. Ein Holzlöffel ist sicherlich ein guter Schlegel.

Die Kinder sollen die Möglichkeit haben, hinter die Dinge zu schauen, indem sie diese in ihre Einzelteile zerlegen. Viele Einzelteile sind für Kinder so interessant, dass sie diese sicherlich zu einem anderen Zweck verwenden wollen.

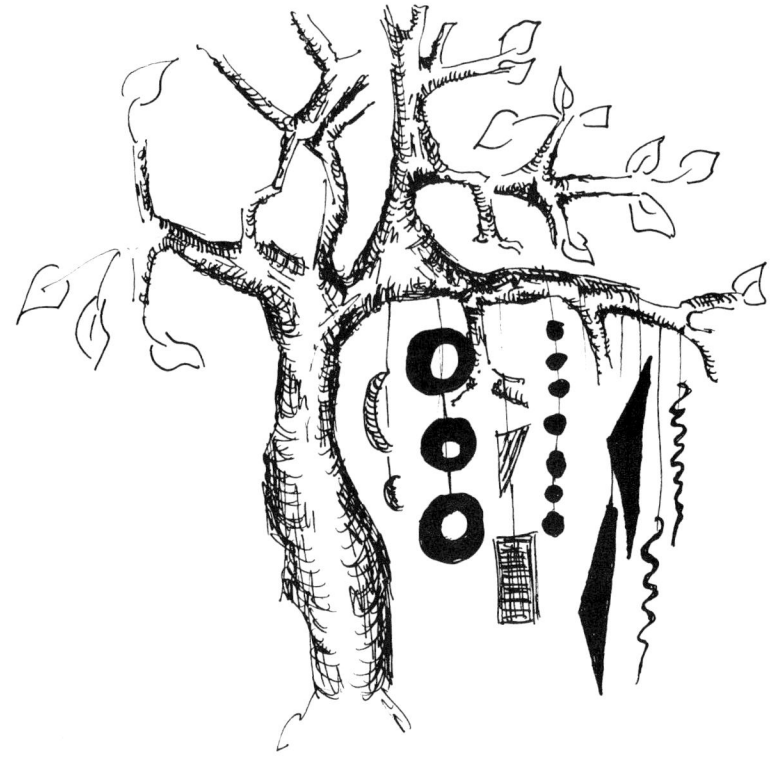

Tinguely baut einen klingenden Baum

Kinder machen auf dem Schrottplatz einen akustischen Spaziergang. Sie sollen Metallteile suchen, die, wenn sie angeschlagen werden, einen interessanten, schönen, außergewöhnlichen Ton haben oder einen Klang erzeugen, der an etwas erinnert. Die Teile werden in die Einrichtung mitgenommen, gesäubert und schließlich gemeinsam mit den Kindern an einen freihängenden Ast am Baum aufgehängt. Dieses klingende Schrottinstrument ist nie fertig. Immer wenn die Kinder spannende Klangentdeckungen machen, können sie diese Teile dem klingenden Baum hinzufügen. Um die Schrottteile erklingen zu lassen kann man vom Metalllöffel bis zum Holzlöffel mit Vielem experimentieren.

Variante: Bauen eines Schellenbaumes. Die klingenden Teile werden alle übereinander an einem Besenstil befestigt. Klopft man mit dem Besenstil auf dem Boden auf, so bringt man die einzelnen Schrotteile in Bewegung. Sie stoßen aneinander und erklingen.

Tinguely baut eine Rassel aus einer Coladose

Material: Getränkedosen, verschiedene Materialien (Erbsen, Linsen, Reis, Bohnen, Mais, Kaffebohnen, Nudeln), Klebeband, Schere

Die Getränkedosen werden gereinigt und mit unterschiedlichen Materialien gefüllt. Anschließend wird die Öffnung mit Klebeband verschlossen.

Tinguely baut ein Küchenwindspiel

Material: ein altes Speichenrad, viele verschiedene Gabeln und Löffel, Seil

Tinguely liebte es Dinge zu bauen, die sich bewegen, dazu nutzt er den Wind, Wasser und Motoren. Die Kinder sammeln viele verschiedene alte Gabeln und Löffel. Diese werden an unterschiedlich langen Seilstücken befestigt, pro Seil ein Besteckteil. Dann werden die Fäden mit den Löffeln und Gabeln in den Speichen des Rades verknotet. Jetzt bedarf es nur noch eines stabilen Hakens in der Decke und das Küchenwindspiel kann aufgehängt werden.

Tinguely baut ein Mobile aus Schrottteilen

Material: Schrottteile, Fäden, Metallröhre, Seil

Jedes Kind sucht sich ein Schrottteil aus, das ihm am besten gefällt (nach Farbe, Form, Oberflächenbeschaffenheit). Alle Teile werden nun mit einem Faden an der Metallröhre befestigt. Durch die Metallröhre wird ein Seil geführt, so dass die beiden Seilenden oberhalb der Röhre zusammengeknotet werden können und als Aufhängung dienen.

Klingendes Nagelwindspiel

Material: große Zimmermannsnägel, Seil, Holzscheibe, Hammer

In die Holzscheibe werden zunächst zwei Löcher gebohrt, durch die später ein Stück Seil gezogen werden kann, um das Nagelwindspiel aufzuhängen. Dann wird die Holzscheibe mit vielen Löchern versehen. Die Zimmermannsnägel werden an unterschiedlich langen Seilen festgeknotet und die Seile werden durch die vorher gebohrten Löcher gezogen und auf der Holzscheibe verknotet, so dass das Seil nicht mehr durchrutschen kann. Dabei muss man jedoch darauf achten, dass die Nägel sich an unterschiedlichen Stellen bei einem Windhauch noch berühren können, so dass Klänge entstehen.

NIKI DE SAINT PHALLE:
NANA UND DER STRAWINSKYBRUNNEN

Die Künstlerin und ihr Werk

Niki wurde 1930 im französischen Neuiley-sur-Seine als Marie Agnes Fal de Saint Phalle geboren. Erst später gab ihre Mutter ihr den Namen Niki. Sie war das Kind einer Amerikanerin und eines Franzosen, der einem französischen Adelsgeschlecht entstammte. Bedingt durch den Krieg pendelte ihre Familie zwischen Frankreich und USA. Nikis Geburt stand unter einem schlechten Stern. Beinahe hätte sie sich selbst erwürgt, da die Nabelschnur zweimal um ihren Hals gewickelt war. Sie durchlebte eine schwere Kindheit, in der sie sich ungeliebt fühlte. Der eigene Vater vergewaltigte die 11-jährige Niki. Hinzu kam eine strenge moralische Erziehung, die Niki als gewalttätig, verlogen und erstickend erlebte. Schon in der Klosterschule, welche sie besuchte, rebellierte sie. Nach ihrem Abitur arbeitete sie als Fotomodell, heiratete und brachte eine Tochter zur Welt. In der Frauen- und Mutterrolle fühlte sie sich nicht wohl. Sie beschloss, eine Schauspielschule zu besuchen. Nun war sie hin- und hergerissen zwischen Familienpflichten, Selbstverwirklichung und dem, was sie in ihrer eigenen Kindheit erlebt hatte. Die Folge war ein psychischer Zusammenbruch. In der Therapie riet man ihr zu malen. Damit war der erste Schritt ihres autodidaktischen künstlerischen Schaffens getan. Ihre Bilder verarbeiteten die erlebte Kindheit, Jugend, Erziehung und die Rolle der Frau in der Gesellschaft. 1955 lernte Niki Jean Tinguely und seine Künstlerfreunde kennen. Durch sie wurde Niki zu weiterem künstlerischem Gestalten und Ausdruck angeregt. Sie hoffte, sich mit ihren Schießbildern aus der Vorherrschaft der Männer befreien zu können. Dazu wurden Gegenstände mit Nägeln und Gips auf Holzbrettern befestigt und Farben in Plastiktüten oder Dosen gefüllt. Die Tüten und Dosen wurden mit Hilfe von Pfeilen oder Gewehren angeschossen. Dabei spritzte die Farbe aus ihren Behältern heraus und brachte das Bild zum Bluten. So verwandelte sich das Bild oder die Skulptur während dieses kurzen Prozesses des Schießens vor den Augen der Zuschauer. Doch es blieb nicht bei ihren Schießbildern, immer wieder beschäftigte sie sich mit der Rolle des Mädchens und der Frau. Die Geringschätzung des weiblichen Geschlechts machte Niki zornig und depressiv zugleich. Über verschiedene Etappen ihres Schaffens versuchte sie die Rolle der Frau für sich zu definieren und gelangte dabei zu ihren bekanntesten Figuren – den Nanas. Sie bewegen sich trotz ihrer Fülle leicht. Sie scheinen zu tanzen. Sie sind kunterbunt und mit vielen Einzelheiten bemalt. Sie symbolisieren die Urweiblichkeit, die Frau als Ursprung des Lebens. Sie stehen für Lebensfreude, Geborgenheit und Vertrauen. Die Nanas lösten überall, wo sie in der Öffentlichkeit aufgestellt wurden, konträre Diskussionen aus. Gerade sie verhalfen Niki zu ihren größten Erfolgen und die dicken Frauengestalten begleiteten sie auf ihrem weiteren künstlerischen Weg.

Niki gestaltete ihre Nanas anfangs aus Gips. Doch ihr größter Traum war es, dass die Figuren wetterfest im Freien stehen könnten. Diesen Wunsch erfüllte ihr ein Material das man Polyester nannte, das aber sehr gesundheitsschädlich war. Dies erlebte Niki am eigenen Körper, denn das Material machte sie so krank, dass sie nur noch mit Atemmaske arbeiten konnte. Dennoch ließ sie sich von ihrer Arbeit an den kunterbunt bemalten Nanas nicht aufhalten. Überall auf der Erde findet man Nikis Nanafiguren, z.B. in Italien, wo Niki gemeinsam mit Jean Tinguely den so genannten Tarotgarten gestaltet hat. Er befindet sich unweit der Staatsstraße von Pisa nach Rom bei dem Dörfchen Garavacchio, auf der Höhe des Monte Argentario und richtet sich mit seiner Farbenfreudigkeit und Verspieltheit gegen ein gegenüber liegendes Atomkraftwerk, das nun still gelegt ist. Diesen Garten errichtete Niki ohne jeglichen Auftrag auf geschenktem Land gemeinsam mit Jean Tinguely und vielen weiteren Helfern. Riesige begehbare und bewohnbare Skulpturen beherrschen den Garten. Es handelt sich hier um Nikis außergewöhnliche Interpretation der Trümpfe der Tarotkarten. Der Kämpfernatur Niki dienten sie als Kritik an der Trennung zwischen Technisierung, Natur und Mensch. Wenn wundert dabei nicht ihre Freude über die Stillegung des Atomkraftwerkes, das dem Traumgarten gegenüberliegt. Viele unterschiedlich gestalteten Mosaiksäulen schmücken den Garten. Aber auch die für Niki so typisch gewordenen kunterbunten Nanas sind im Garten überall präsent.

Nikis Skulpturen sind über die ganze Welt verstreut. So finden sich weitere Werke in Belgien, Knokke-le-Zout (Spielhaus für Kinder), in Jerusalem (eine Golem genannte Ungeheuer-Figur auf einem Spielplatz), in Luxemburg. Aber auch in Deutschland wurden von Niki schon Figuren installiert, so zum Beispiel drei riesige Nanas im Stadtzentrum von Hannover und die Monumentalskulptur „Der Lebensretter" in Duisburg.

„Nana" und der „Strawinskybrunnen"

In Paris, in unmittelbarer Nähe des Museums Centre Pompidou, befindet sich der von Jean Tinguely und Niki de Saint Phalle im Jahre 1982/1983 gemeinsam gestaltete Strawinskybrunnen. Der Brunnen feiert die Musik des russischen Komponisten Igor Strawinsky in lebhafter Weise.

Die Maschinen und Figuren des Brunnens bewegen sich hin und her, drehen sich und bespritzen sich gegenseitig. Die Bewegungen der Figuren und Maschinen sollen mit dem Wasserspiel die Musik von Strawinsky in Bilder umsetzen. Aber auch Figuren aus Strawinskys Werken wurden von Niki als quietschbunte Skulpturen umgesetzt. So erhebt sich über alle Figuren und Maschinen die Skulptur des Feuervogels, einer Hauptfigur eines Balletts von Strawinsky. Auch eine Nana gibt es als Brunnenskulptur. Aus ihrer Brust spritzt Wasser. Sie kreist froh und unaufhörlich um sich selbst und erweckt den Eindruck als sei sie wie ein Kind mit Lust und Freude in das Wasserspiel vertieft. Der Brunnen wirkt karnevalistisch und ist gerade dadurch Anziehungspunkt für viele Kinder, die sich an den knallbunten Figuren nicht satt sehen können.

Angebote zu „Nana" und „Strawinskybrunnen"

Fragen zu Nana und dem Brunnen
♣ Beschreibt, was zu sehen ist.
♣ Was fällt besonders daran auf?
♣ Was gefällt dir / gefällt dir nicht?
♣ Welchen Namen würdest du den Figuren gern geben?
♣ Mit was ist Nana bekleidet?
♣ Warum trägt Nana wohl einen Badeanzug?
♣ Wie sieht dein Badeanzug aus?
♣ Erinnert dich Nana an jemanden?
♣ Warum glaubst, du fühlt sich Nana pudelwohl?
♣ Wie könnte der Brunnen klingen?
♣ Wähle Orff- Instrumente aus, mit denen du die Geräusche des Brunnens nachstellen kannst.
♣ Was stellst du dir unter einem Feuervogel vor?

Badeanzug entwerfen
Material: Zeichenpapier und viele Buntstifte

Jedes Kind denkt sich für Nana oder für sich selbst einen neuen Badeanzug oder eine Badehose aus.

Bunte Kleider entwerfen
Material: Zeichenpapier, Buntstifte

Die Kinder entwerfen nach Herzenslust bunte, blumige, ornamentale Kleidung für die Nanas.

Tanzende Nanakette
Material: Kopie (eventuell auch eine vergrößerte Kopie) der vorgezeichneten Nana, Schere, Pauspapier, Papier.

Das Papier wird zu einer Ziehharmonika zusammengefaltet, dabei muss die Faltbreite so gewählt sein, dass eine Nanafigur (siehe Zeichnung) darauf passt. Dann wird die Nana so auf das Papier gepaust, dass ihre

Hand direkt an der Falt-
kante liegt. Der Umriss
der Nanafigur wird sauber
ausgeschnitten. Nur die
Nana-Hand bleibt stehen,
sie stellt das Verbindungs-
glied zu den anderen Na-
nas dar. Ist die tanzende
Nanakette ausgeschnit-
ten, benötigen alle Nanas noch einen Badeanzug. Den gilt es, mit Filzstift zu malen.

Riesen-Nanas malen

Material: Kissen, Tapetenrolle, Bleistift,
Temperafarbe, Pinsel, Wasser, Lappen

Die Tapete wird ausgerollt und in der Größe und Anzahl der Kinder zugeschnitten.
Dann stopfen sich Kinder gegenseitig mit
Kissen aus, so dass ihr Leibesumfang an-
wächst. Anschließend legen sie sich in einer freudigen, tänzerischen Haltung auf ihren Papierbogen und helfen sich gegenseitig, um ihre Umrisse mit Bleistift auf der
Tapete festzuhalten. Dann können die Kinder damit beginnen, sich als Nana auszu-
schneiden und sich selber einen bunten
Badeanzug oder bunte Kleidung malen.

Das Nanalied

(Melodie: Lustig ist das Zigeunerleben.)

1. Lustig ist das Nanaleben
   na, na, na, na, na, na, na.
   Dick und bunt so sind sie eben,

na, na, na, na, na, na, na.
Tanzen da und tanzen
dort,
werfen die Hüften
weit von sich fort,
na, na, na, na, na, na, na ...

2. Lustig ist das Nanaleben na, na,
   na, na, na, na, na.
   Brauchen keine Kleider tragen na,
   na, na, na, na, na, na.
   Schwimmen gerne im tiefen Meer,
   Badeanzüge lieben sie sehr,
   na, na, na, na, na, na, na ...

Wir backen Nanas

Zutaten für ca. 8 Nanas:
225 g Zucker, 1 gestr. Tl Hirschhornsalz,
750 g Mehl, 300 g Honig, 1 Prise Lebku-
chengewürz, 3 Eier, Fett zum Einschmieren
des Backbleches oder Backpapier

Zum Dekorieren: ein Eiweiß, 200 g Puderzucker Lebensmittelfarbe, Smarties, Zu-
ckerperlen

Zubereitung: Zucker
und Honig werden so
lange erwärmt, bis der
Zucker schmilzt. Mehl,
Hirschhornsalz, Lebku-
chengewürz und Eier
in einer Schüssel mit-

einander vermengen und die Zucker-Honigmasse unterkneten.

Dann den Teig für zwei Tage mit einem feuchten Tuch bedeckt bei Zimmertemperatur ruhen lassen.

Nach zwei Tagen die vergrößerte Kopie (Nana misst ungefähr 20 cm) aus der vorhergehenden Übung auf den ausgerollten Teig legen. Die Konturen der Nana mit einem spitzen Messer ausschneiden. Die ausgeschnittenen Nanas auf ein eingefettetes Backblech legen und 20 Minuten bei 180 Grad backen.

Anfertigen des Zuckergusses: Eiweiß schaumig schlagen, Puderzucker unterheben. Zuckerguss in kleine Gefäße abfüllen und mit verschiedenen Lebensmittelfarben einfärben.
Anschließend können die Kinder die Nanas mit dem bunten Zuckerguss und den Perlen verzieren und dabei einen tollen Badeanzug gestalten.

Feuervogel

Material: Musik des Komponisten Igor Strawinsky „Der Feuervogel", Rekorder, Buntstifte oder Temperafarben, Pinsel, Wasser

Die Kinder sollen einen Feuervogel so malen, wie sie sich ihn vorstellen. Dazu spielt die Musik des Feuervogels, welche die Kinder bei der Gestaltung inspirieren kann.

Die Nanas und der Feuervogel

Einst lebte der böse Zauberer Nikodemus in einem prachtvollen Zaubergarten. Dort gab es die wunderschönsten Blumen, die ausgefallensten Tiere und – nicht zu vergessen – Steinskulpturen. Diese waren jedoch alles andere als wunderschön. Sie waren grau und unheimlich, so wie der Zauberer selbst. In den umliegenden Dörfern und Städten sprachen die Leute viel über diesen wunderschönen Garten mit den bedrohlichen Skulpturen. Über dem Garten schien ein Fluch zu hängen. Alle Menschen, die sich aus Neugierde auf den Weg in den Garten machten, kamen von dort nicht wieder zurück. Niemand ahnte, dass sie durch einen bösen Zauber zu den steinernen Figuren wurden. Wer den Garten des Zauberers Nikodemus besuchte, wurde zu Stein. „Hokus Pokus, du allein, gleich wirst du verzaubert sein." Schon erstarrte jeder ungebetene Gartenbesucher. So mehrte der Zauberer Jahr um Jahr die Anzahl seiner Skulpturen. Denn je mehr Skulpturen er besaß, um so größer wurde seine Macht. Der Zauberer fürchtete sich vor nichts und niemandem. Nur ein kleiner Vogel, der Feuervogel mit der roten Feder, konnte ihn in Angst und Schrecken versetzen. Denn würde dieser einmal seinen Garten finden, so würde Nikodemus seine Zauberkraft verlieren.
Eines Tages hörte ein mutiger Ritter auf der Suche nach neuen Abenteuern vom Verschwinden der Gartenbesucher und beschloss, den Dingen auf den Grund zu

gehen. Er machte sich auf den Weg zum Zaubergarten des Nikodemus um das Rätsel zu lösen. Unweit vom Garten des Zauberers begegnete ihm ein wunderschöner Vogel. Er hatte große orangefarbene Flügel, einen feuerroten Körper, einen gelben langen Schweif, der sich beim Flug elegant durch die Luft bewegte und er trug eine goldene Krone auf seinem Haupt. Er war so schön, daß der mutige Ritter sich nichts sehnlichster wünschte, als diesen Vogel zu besitzen. Er befahl seinem Gefolge den Vogel einzufangen. Doch wie erstaunt war er, als der Vogel plötzlich zu sprechen begann. „Lieber Ritter, lass mir die Freiheit! Ich schenke dir dafür eine meiner roten Federn, sie wird dich auf all deinen Wegen beschützen. Ich bin der Feuervogel. Ich allein habe die Kraft, die Macht des Zauberers Nikodemus zu brechen. Nimmst du mir die Freiheit, so hat der Zauberer für alle Zeit Macht über die, die sich seinem Garten nähern." Daraufhin ließ der Prinz den Feuervogel frei. Mit der roten Feder im Gepäck machte er sich auf den Weg in den Garten. Er hatte kaum die Grenze überschritten, als er die ersten bedrohlichen grauen Skulpturen sah. Er beschloss, sehr vorsichtig zu sein, denn man hatte ihn vor dem bösen Zauberer Nikodemus gewarnt. Es dauerte nicht lange, bis dieser den ungebetenen Ritter in seinem Garten entdeckt hatte. Der Zauberer befahl seinem Gehilfen, den Ritter gefangen zu nehmen, um auch ihn zu verzaubern. Doch als der

Prinz merkte, dass ihm jemand folgte, erinnerte er sich der roten Feder, die der Feuervogel ihm geschenkt hatte. Er riss die Feder aus seinem Gepäck, hielt sie in die Luft und siehe da, der Feuervogel kam ihm zu Hilfe. Als der Zauberer den Vogel erblickte, erstarrte er selbst zu Stein. Aus ihm wurde eine versteinerte Skulptur mit einer scheußlichen Grimasse.

Der Feuervogel war in das Reich von Nikodemus eingedrungen und hatte ihm seine Zauberkraft genommen. Die versteinerten Skulpturen wurden sogleich von ihrem Zauber erlöst und alsbald erwachte der Garten zu neuem Leben. Es wurde geredet, gekichert, getanzt und gelacht, denn die Freude der Menschen, wieder in ihre Familien zurückkehren zu können, war groß. Sie bedankten sich bei dem Feuervogel und dem Ritter. Ohne die beiden hätte der böse Zauberer Nikodemus nie besiegt werden können. Der Ritter zog weiter, denn er hatte noch viele Abenteuer zu bestreiten. Der Feuervogel wurde zum Hüter des Zaubergartens. Damit sich niemand mehr fürchten musste, verwandelte er die hässliche Gestalt des Nikodemus in eine fröhliche bunte Figur, die ständig zu tanzen schien. Im Volksmund erhielt sie den Namen Nana. Jeder, der im Garten als Steinskulptur ausharren musste, errichtete aus Dankbarkeit und Freude ebenfalls solch eine wunderschöne, bunte Figur. So entstand ein Nana-Garten, der auch heute noch von allen Gästen gerne besucht wird.

Niki gestaltet bunte Nanas aus Gipsbinden

Ihre ersten Nanas gestaltete Niki aus Gips. Es handelte sich um dralle fröhlich tanzend Frauenfiguren, die sie kunterbunt anmalte. Dabei waren ihr teilweise auch Kinder behilflich. Sie liebte es, diese Figuren mit Kindern zu bemalen, denn die Ideen der Kinder für Muster, Ornamente und Symbole war so vielfältig, dass ihre eigene Arbeit davon bereichert wurde.

Kinder arbeiten mit Gips

Gips gehört wie Ton zu den Grundmaterialien, mit denen ein Bildhauer arbeitet. Gipsgestein ist ein Naturmaterial, welches durch Erhitzen pulverisiert. Man unterscheidet den Modellgips, den Stuckgips und den Baugips. Vermischt man Gipspulver mit Wasser, wird aus diesem Gemisch ein Brei, der sich recht schnell zu festem Material abbindet. Bildhauer verwenden vorwiegend Modellgips oder Stuckgips für ihre Arbeit. Für das plastische Gestalten mit Kindern empfiehlt es sich jedoch, auf Gipsbinden zurückzugreifen, da Gipsbrei viel zu schnell abbindet. Das Gestalten mit Gipsbinden ist für Kinder ebenso eindrucksvoll.

Manchen Kindern ist das Material von zu Hause schon bekannt. Sie kennen es vielleicht von Renovierungs- oder Bautätigkeiten der Eltern. Vielleicht hat ein Kind sich schon einmal den Arm oder ein Bein gebrochen und kennt Gips von weniger erfreulichen Anlässen. Um so größer ist die Überraschung der Kinder, wenn sie selbst einmal mit Gips arbeiten dürfen und sich herausstellt, dass sich dieses Material sehr gut für eigene Gestaltungszwecke eignet. Ähnlich wie beim Arbeiten mit Ton, wird beim plastischen Gestalten mit Gips die taktile Wahrnehmungsfähigkeit im besonderen Maße herausgefordert. Sie muss während des Arbeitens verschiedene Konsistenzen, verschiedene Temperaturen und unterschiedliche Oberflächenbeschaffenheiten unterscheiden. Kinder beeindruckt immer wieder, wie aus Gipspulver unter Zugabe von wenig kaltem Wasser eine leicht schleimige Masse entsteht, welche beim Trocknen eine warme Eigentemperatur entwickelt. Im Gegensatz zu Ton hat Gips die Eigenschaft, dass er sehr schnell trocknet und von Kindern in all seinen Konsistenzen direkt erlebt werden kann. Denn Gips braucht keinen Brand, um eine feste Konsistenz innerhalb weniger Stunden zu erhalten. Um mit Gips plastisch arbeiten zu können, bedarf es eines Drahtgerüstes.

Praktische Tipps zum Arbeiten mit Gips

♣ *Kaufen:* Gipsbinden erhält man in Apotheken in unterschiedlichen Breiten zum Preis von ungefähr 3.50 bis 8.00 DM. Es lohnt sich, nach alten Gipsbinden zu fragen, deren Verfallsdatum bereits abgelaufen ist. Diese sind zum Gestalten noch sehr gut und sie sind billiger. Vielleicht gibt es sie sogar umsonst. Auch in Krankenhäusern lohnt sich diese Nachfrage.

♣ *Verarbeiten:* Die Gipsbinden werden in 5 cm breite Streifen geschnitten, die je nach Bedarf einzeln kurz in Wasser getaucht werden. Anschließend wird das auf dem Gewebe befindliche, mittlerweile schleimige Gipsmehl aufgelegt und glatt verstrichen.

♣ *Papiergerüst:* Da Gips sich mit den verschiedensten Materialien gut verbinden lässt, lohnt es sich mit den Kindern ein dreidimensionales Draht-Papiergerüst zu erstellen. Denn so können anschließend mit relativ wenig Gips voluminöse Plastiken entstehen.

Achtung: Den in der Schüssel verbleibenden Rest Gips nie in das Abflussbecken gießen.

Draht-Gerüst für Nanas

Material: Draht, Zeitungen, Zange, Gipsbinde, Schere, Schüssel mit Wasser

Mit Hilfe von Draht und Zange formen die Kinder Nanafiguren. Diese legen sie auf einen Bogen Pappe und überziehen sie mit Gipsbinden. Dazu werden die Gipsbinden in 5 cm breite Stücke geschnitten, kurz in Wasser eingetaucht und anschließend flächendeckend über die Figur gezogen.

Dabei muss mann darauf achten, den Gips immer glatt zu streichen. In kurzer Zeit sind die Draht-Gips-Nanas getrocknet und können bemalt werden.

Gemeinsam kann man anschließend mit den bunten Gips-Nanas ein wunderschönes Mobile erstellen, wenn man die verschiedenen Nanas mit einem Seil an einem Reifen aufhängt.

Zeitung-Draht-Gerüst für Nanas

Material: Gipsbinden, Schere, Schüssel mit Wasser, Draht, Zeitungen, Zange

Aus den Zeitungen werden „Würste" geformt. Diese Würste werden mit dem Draht so miteinander verbunden, dass zwei Arme,

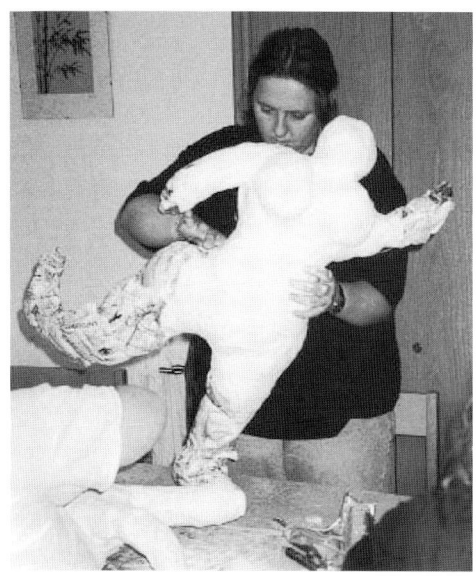

zwei Beine, ein Oberkörper und ein Kopf entstehen. Nun können mit Hilfe von Zeitungsknäueln verschiedene Körperstellen ausgebaut und betont werden.

Die Gipsbinde wird in 5 cm breite Stücke geschnitten. Diese werden einzeln in Wasser getaucht und anschließend auf das vorbereite Papier-Drahtgerüst aufgelegt und glatt verstrichen. Es empfiehlt sich, ungefähr drei Gipsschichten übereinander aufzutragen, um Stabilität zu gewährleisten.

Gipsmasken

Material: Gipsbinden, Schere, Mülltüte, Schüssel mit Wasser, Malkittel

Ein Kind legt sich möglichst bewegungslos auf den Boden oder auf einen Tisch. Eine Mülltüte, in die ein Loch für die Nase geschnitten wurde, wird über sein Gesicht gelegt. Die Nase ragt frei heraus. Die Nasenlöcher bleiben später auch beim Gipsen frei. Es genügt, zwischen ihnen einen schmalen Steg aus Gips zu legen.

Nun werden die bereits zugeschnittenen Gipsbindenstücke nacheinander in Wasser getaucht und auf das Gesicht des Kindes aufgelegt und glatt gestrichen. Auch hier empfiehlt es sich, drei Schichten der Gipsbinden übereinander aufzutragen. Nach ungefähr 15 Minuten ist die Maske trocken

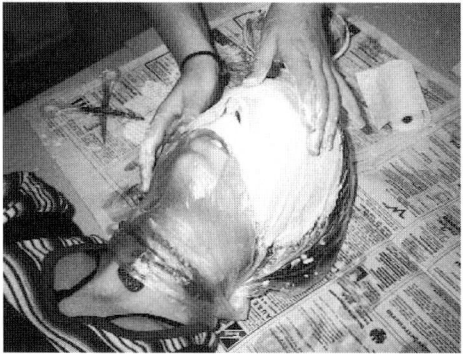

genug, um sie vom Gesicht des Kindes abzunehmen.

Varianten: Das Eingipsen der Oberfläche der Hände oder Füße. Achtung, daran denken, dass die Hände oder die Füße sich auch wieder aus der Gipsform befreien lassen müssen. Also nie insgesamt eingipsen.

Tipps:

♣ Am nächsten Tag kann die Maske bemalt und mit zusätzlichem Material beklebt werden.

♣ Kinder, welche die Mülltüten nicht mögen, können sich die Gipsbinden direkt auf das Gesicht auflegen lassen. Dazu das Gesicht zuvor intensiv mit Vaseline eincremen, damit die Maske sich leichter entfernen lässt. Durch Grimassenschneiden lockert sich der Gips von der Haut.

♣ Auch die Haare sollten geschützt sein. Es rät sich eine Bademütze zu tragen.

Während der Maskenbearbeitung kann man unterschiedliche Gesichtspartien mit zusätzlichem Material (Holz, Zeitung, Pappe) gestalten (lange, dicke Nase, dicke Wangen usw.).

Obstschale à la Niki

Material: alte schön geformte Plastikschüssel, Gipsbinden, Schüssel mit Wasser

Die Gipsbinden werden zugeschnitten, in Wasser getaucht und auf die Schüssel aufgelegt und glatt verstrichen. Auch hier rät es sich, drei Schichten übereinander zu legen. Daran denken, dass nicht nur die Innenseite, sondern auch die Außenseite und der Boden mit zugedeckt sein müssen. Am nächsten Tag kann die Obstschale mit knallbunten Farben und Mustern bemalt werden. Sobald die Farbe getrocknet ist, kann man die Schüssel mit Klarlack besprühen um sie zu versiegeln.

Tipp: Theoretisch lässt sich alles eingipsen und anschließend bunt bemalen. So können Pappteppichrohre zu Marterpfählen oder zu bunten Säulen werden oder langweilige Stühle zu sogenannten Nana- oder Nikistühlen. Es bedarf nur der entsprechenden plastischen Gestaltung und der bunten Bemalung.
Aufgeblasene Luftballons stellen auch gute Grundgerüste für Gipsplastiken da. Wie wäre es mit der Gestaltung einer Niki-Rosenkugel für den eigenen Tarotgarten? Mit Klarlack wetterfest gemacht, bilden diese Kugeln eine Zierde für alle „Kinder-Gärten".

Schuhe für Nanas

Material: alte Turnschuhe, Gipsbinden, Pinsel, Temperafarbe, Schüssel, Becher, Wasser

Da Nikis Nanas keine Schuhe anhaben, ist es natürlich wichtig, dass die Kinder Schuhe für die Nanas entwerfen dürfen. Dazu werden alte Turnschuhe mit Gips überzogen. Ist der Gips getrocknet, sollen die Schuhe für die Nanas so bunt bemalt werden, wie der Badeanzug, den die Nanas tragen.

Zu Beginn ihrer Künstlerkarriere fertigte Niki sogenannte Schießbilder an. Sie wollte sich mit diesen Schießbildern ihrer Wut und ihres Zornes über die Macht der Männer entledigen. Doch sie schoss nicht auf Menschen, sondern mit Farben auf Bilder.

Nikis Gipspistolenbilder

Material: Holzplatte, Gips, Fundstücke vom Schrottplatz oder vom Sperrmüll, Temperafarbe, Wasser, Wasserpistole, alte Kleidung oder Malkittel

Die Fundstücke werden mit Hilfe von Gips auf der Holzplatte eingegipst. Am nächsten Tag wird die Holzplatte im Freien aufgestellt. Die Temperafarbe wird mit Wasser so verdünnt, dass sie sich in die Wasserpistolen einfüllen und versprühen lässt. Dann dürfen die Kinder mit dem Besprühen und dem Beschießen des am Tag zuvor vorbereiteten Reliefs beginnen. Es geht dabei um die Freude am Entstehungsprozess wenn die Farbe sich über die eingegipsten Fundstücke ergießt.

Niki gestaltet mit Mosaik

Nikis Tarotgarten in Italien besteht aus riesigen begeh- und bewohnbaren Figuren des Kartenspiels Tarot. Die Figuren wurden außen alle mit Mosaik gestaltet. Teilweise wurden Kacheln angefertigt, die wieder zu Mosaiksteinchen zerschlagen wurden. Viele Handwerker waren der Künstlerin bei der Errichtung des Tarotgartens behilflich.

Niki gestaltet runde Mosaikkacheln für ihren Tarot-Garten

Material: eine Käseschachtel, Gips, Wasser, viele Porzellanscherben, Muscheln, funkelnde Steine, Perlen, Plastikschüssel

Gemäß der Verpackungsbeschreibung wird Gips zubereitet. Dazu füllt man in eine Plastikschüssel ungefähr $^2/_3$ Gipspulver in $^1/_3$ kaltes Wasser. Dabei ist zu beachten, dass man immer Gipspulver ins Wasser gibt und nicht umgekehrt. Es wird so lange Gipspulver eingestreut, bis ein Teil des Gipspulverbergs über dem Wasserspiegel sichtbar wird. Nun kann die Masse miteinander gemischt werden. Es entsteht ein dickflüssiger Brei. Je dicker der Gipsbrei, desto schneller bindet er ab.
Nun gilt es, die Käseschachteln mit dem Gipsbrei zu füllen und die Porzellanscherben, Perlen, Steine etc. leicht einzudrü-

cken. Am nächsten Tag kann man die Mosaik-Kachel aus der Käsedose lösen.
Tipp: Vielleicht kann man an einer alten Mauer diese runden Mosaikkacheln mit einer Zementmasse befestigen. Dazu bedarf es einiger Materialien aus dem Baumarkt.

Rezept für Zementmasse: 5 Teile scharfer Sand, plus ein Teil Zement, plus soviel Wasser, dass eine formbare Masse entsteht.

Nun wird eine 1 cm dicke Schicht der Zementmasse auf die Mauer aufgetragen. Dann muss der Zement ungefähr 10 bis 20 Minuten anziehen. In diese Masse können anschließend die Amulette eingedrückt werden.

Mosaik-Blumentopf aus Nikis Garten
Material: Porzellanscherben, Blumentopf, (alternativ Spiegel oder Vase), Heißklebepistole

Auf die Porzellanscherben (die man mit Hilfe einer Mosaikzange auch in eine bestimmte Form bringen kann) wird mit der Heißklebepistole Klebstoff aufgetragen und an das entsprechende Objekt gedrückt. Dabei können sich die Kinder viele verschieden Muster und Motive ausdenken.

Papiermosaikentwürfe
Material: Zeitschriften, Klebstoff, Papier, Bleistift

Kinder zeichnen auf dem Papier ein Motiv vor. Nun suchen sie aus Zeitschriften die Farben heraus, die sie für die Ausgestaltung ihres Bildes benötigen. Diese farbigen Zeitschriftenseiten werden in viele kleine Schnipsel zerrissen und anschließend auf das vorgezeichnete Motiv aufgelegt und aufgeklebt.

Bildthemen: Blumenstrauß, Wiese mit Blumen, Fische im Wasser, Herbstbäume

ARMAN FERNANDEZ: ANHÄUFUNG VON KANNEN

Der Künstler und sein Werk

Arman Fernandez wurde 1928 in Frankreich geboren. Er war Mitglied der Künstlergruppe Nouveaux Realistes, die Jean Tinguely 1960 gegründet hatte. Diese Künstlergruppe widmete sich auf verschiedene Art und Weise den alltäglichen industriell gefertigten Konsumgütern, welche sie in ihre Kunstwerke integrierten. Für Arman stand hierbei das Sammeln und Anhäufen (Akkumulation) der alltäglichen Massenware im Vordergrund. Gerade das Arbeiten mit Unbrauchbarem, mit gesammeltem Müll, Abfällen oder Schrott reizte ihn.

Dabei bevorzugte er eine ganz besondere Technik: das Anhäufen vieler gleicher Objekte, welche er hinter Glas anordnete. Der Bereich der industriellen serienmäßigen Fertigung wurde durch diese Gestaltung in den Mittelpunkt des Betrachters gerückt. Es entstand eine Art Stillleben der Konsumgesellschaft. So wurde die Kunst in einen neuen Zusammenhang gebracht und mit Gesellschaftskritik verbunden.

„Anhäufung von Kannen"
(1961, Museum Ludwig, Köln)

Bei diesem Werk handelt es sich um eine Anhäufung alter Emaillekannen, welche Arman in einem Schaukasten angeordnet hat. Diese Arbeit macht seine künstlerische Vorgehensweise deutlich. Sein Werk wirkt wie ein modernes Stillleben. Alte, scheinbar unbrauchbar gewordene Kannen werden in vielfältiger, serieller und somit eindrücklichster Form dem Auge des Betrachters als etwas Kostbares bewusst gemacht. Arman macht aus diesem „Müll", an dem schon der Zahn der Zeit genagt hat, etwas Neues. Die Kannen wirken wie Erinnerungsstücke einer vergangenen Zeit. Dies erreicht er, indem er die Kannen wie Schmuckstücke beim Juwelier hinter Glas ausstellt und vor der Entsorgung der Betrachter schützt. Nur so vermag seiner Meinung nach der konsumorientierte Mensch sich auf den ursprünglichen Verwendungszweck des Gegenstandes zu besinnen. Diese Form, dem Betrachter in eindringlichster Weise die Realität, die Individualität und die Vielfalt in der Einheit eines Objektes zu präsentieren, übt gleichzeitig Kritik an der Wegwerfgesellschaft, welche dem Detail

keine Bedeutung mehr schenkt. Gerade die Reduktion eines Stilllebens auf einen Gegenstand in seiner Vielfalt, trägt in diesem Zusammenhang dazu bei, der Bedeutsamkeit des seriellen Objektes wertschätzend zu begegnen.

Neben diesem Werk findet man weitere Anschauungsobjekte Armans zum Beispiel in der Hamburger Kunsthalle oder im Museum Abteiberg Mönchengladbach.

Angebote zur Skulptur „Anhäufung von Kannen"

Fragen zur „Anhäufung von Kannen"

♣ Beschreibt, was zu sehen ist.

♣ Was fällt besonders daran auf?

♣ Was gefällt dir / gefällt dir nicht?

♣ Was sind das für Kannen, wozu glaubt ihr wurden sie benutzt?

♣ Gibt es in der Vitrine Kannen, die gleich aussehen?

♣ Worin unterscheiden sich die Kannen voneinander?

♣ Warum liegen die Kannen hinter Glas?

♣ Wo könnte der Künstler die Kannen gefunden haben?

♣ Könnt ich euch vorstellen, warum Arman Kannen gesammelt hat?

♣ Wenn ihr dem Künstler Vorschläge machen könntet, was er noch alles sammeln sollte, welche Dinge würdet ihr nennen?

♣ Welche Dinge sammelt ihr?

Kinder gestalten durch Sammeln und Anhäufen

Kinder sammeln gern und viel. Durchforstet man ihre Hosentaschen, findet sich immer ein als wertvoll eingeschätztes Stück. Doch was ist der Grund ihrer Sammelleidenschaft? Es gibt die vielfältigsten Motive zu sammeln und es gibt zwei grundsätzliche Sammlertypen. Man unterscheidet den systematischen Sammler und den freien Sammler. Der systematische Sammler hat ein spezielles Sammelgebiet. Der freie Sammler sammelt einfach das, was ihm gefällt. Kinder sind vorwiegend freie Sammler. Sie entdecken und erforschen selbstständig und planlos. Ist die Sammelaktion beendet, so setzt ein leidenschaftlicher Ordnungstrieb bei den Kindern ein. Sie beginnen das Gesammelte zu sichten, zu sortieren, zu klassifizieren oder auch zu tauschen. Diesen Sammel- und Klassifizierungstrieb hat die Konsumgesellschaft als Einnahmequelle längst erkannt. Nicht umsonst bietet sie z.B. Sammelbilder an, die käuflich erworben gesammelt, gesichtet, getauscht und in extra dafür vorgesehene Hefte eingeklebt werden können. Schon Tom Sawyer tauschte und Pipi Langstrumpf sammelte alles, was nicht niet- und nagelfest war. Dabei galt das Motto: Man könnte es ja irgendwann einmal gebrauchen. Hat der Sammeltrieb eine Bedeutung in der menschlichen Entwicklung? Was steckt hinter diesem Sammeltrieb? Das Sammeln stellt einen wichtigen Bestandteil der Kreativitätsförderung dar. Kinder entwickeln dabei ein differenziertes, sensibles Wahrnehmungsver-

mögen und ein Gefühl für besondere Farben, Formen und Oberflächenbeschaffenheiten von Materialien und Gegenständen. Sie nehmen wahr, beobachten und treffen Entscheidungen. Sie stellen Überlegungen an, lernen dabei Bedeutsames von Unbedeutendem zu unterscheiden. Sie wählen, setzen Schwerpunkte und strukturieren dabei unbewusst. All diese Gründe sprechen dafür, die Sammelleidenschaft von Kindern zu pflegen. Denn sie selbst haben für sich schon unbewusst die Wichtigkeit dieser Tätigkeit für die eigene Entwicklung erkannt. Dem sollte Rechnung getragen werden.

Praktische Tipps zum Thema Sammeln und Anhäufen

❧ Orte des Sammelns: auf Schrottplätzen, auf dem Speicher, im Keller, in der Natur (am Fluss, im Wald, auf der Wiese, auf dem Feld), im Steinbruch, im Müll, auf dem Sperrmüll, im Haushalt, im Urlaub

❧ Es ist ratsam, zu bestimmten Themen zu sammeln und das über einen längeren Zeitraum hinweg.

❧ Wo bewahrt man das Gesammelte auf? In großen Kartons, in Eimern, Mülltüten, Papiertüten, Schachteln, Marmeladengläsern, Dosen, Filmdöschen aus dem Fotoladen, Obstkisten, Körben, Flaschen, Streichholzschachteln, Kartoffelsäcken, großen Mehltüten vom Bäcker, Wannen, alten Koffern, Waschmittelkisten.

Flohmarkt- oder Trödlerbesuch

Kinder spazieren über den Flohmarkt und halten Ausschau nach den unterschiedlichsten Kannen. Vielleicht entdecken sie eine, die in die Vitrine von Arman passen würde.

Kannenausstellung

Jedes Kind aus der Gruppe bringt von zu Haus eine Kanne mit. Diese Kannen werden auf einem Tisch schön wie in einer Ausstellung präsentiert.

Nun werden die Kannen besprochen.
Wozu werden sie benutzt?
Wie sehen unsere Kannen aus?
Worin unterscheiden sie sich voneinander?
Ist unter unseren Kannen eine, die denen von Arman ähnlich sieht?
Kennt ihr vielleicht jemanden, der auch bestimmte Kannen sammelt?

Kannen ordnen

Jedes Kind bringt von zu Hause eine Kanne mit in die Einrichtung. Diese werden in die Mitte eines Stuhlkreises gestellt. Nun erhalten die Kinder unterschiedliche Sortieraufträge:

- ♣ Sortiere nach Größe.
- ♣ Sortiere nach Form.
- ♣ Sortiere nach Farbe.
- ♣ Sortiere nach Material.
- ♣ Sortiere nach dem Dekor.

- ♣ Sortiere danach, ob die Kannen einen Deckel haben oder nicht.
- ♣ Sortiere nach Nutzen der Kannen (Gießkanne, Kaffeekanne, Milchkanne, Saftkanne usw.).
- ♣ Welche Kanne scheint alt zu sein? Welche Kanne ist neu?
- ♣ Jedes Kind wählt sich eine Kanne aus, die ihm am besten gefällt!

Kannen ertasten

Material: Augenbinden oder Tücher in der Anzahl der Kinder, viele verschiedene Kannen

Die Kinder bringen von zu Hause die verschiedensten Kannen mit. Diese werden in die Mitte eines Sitzkreises gestellt. Dann werden den Kindern mit einem Tuch die Augen verbunden. Jedes Kind erhält anschließend eine ihm unbekannte Kanne, diese soll ertastet und beschrieben werden.

Kannen entdecken

Material: viele verschiedene Kannen

Die Erzieherin verteilt die Kannen überall im Gruppenraum. Sie beschreibt pro Spielrunde eine Kanne, welche die Kinder auf Grund der Beschreibung im Raum entdecken sollen. Hat ein Kind sie gefunden, wird die Kanne aus dem Spiel entfernt.

Kannenrennen

Material: zwei gleich große Kannen (am besten Gießkannen), 4 Wannen, Wasser

Die Kinder werden in zwei Gruppen eingeteilt. Jede Gruppe erhält eine leere Gießkanne und eine leere Wanne. Auf der anderen Seite des Parcours steht pro Gruppe eine mit Wasser gefüllte Wanne. Die Aufgabe besteht nun darin, in einem Staffellauf möglichst viel Wasser mit der Gießkanne von der einen Wanne zur anderen Wanne zu transportieren. Gewonnen hat die Mannschaft, die zuerst ihre Wanne gefüllt hat.

Arman sammelt Alltagsmüll

Arman musste für seine Objekte immer über eine lange Zeit die gleichen Dinge sammeln. Hier einige Anregungen zu Abfällen, die über einen längeren Zeitraum von einer Einrichtung oder von Kindern gesammelt werden können, um daraus letztendlich ein Objekt zu gestalten.

Arman sammelt Bierdeckel zur Gestaltung von Memorys

Bierdeckel werden mit weißer Temperafarbe von den Kinder angemalt, so dass sie alle einheitlich aussehen. Dann werden entweder aus zwei gleichen Zeitschriften die gleichen Motive ausgeschnitten und aufgeklebt oder die Kinder malen eigene Motive auf die Kärtchen auf.

Als eine weitere Variante können auch jeweils zwei gleiche Oberflächenbeschaffenheiten aufgeklebt werden. (Wellpappe, Filz, Nylontüte, Styropor usw.) So entsteht ein Tastmemory.

Arman sammelt Fotodöschen zur Gestaltung einer Duftgalerie

In die Döschen werden unterschiedliche Gewürze und Düfte eingefüllt. Die Kinder sollen den Gerüchen anschließend Begriffe zuordnen (süß, scharf, herb, trocken, staubig, blumig, parfümiert…) oder die entsprechenden Düfte erkennen.

Arman sammelt Korken oder Kastanien zur Gestaltung eines Swimmingpools

Material: ein Becken (aufblasbares Schwimmbecken), sehr viele Kastanien oder Korken

Die Kastanien werden gemeinsam mit den Kindern gesammelt und anschließend in das Becken gefüllt. Es bedarf sicher keiner Aufforderung, damit die Kinder nach Herzenslust im Kastanienpool baden.

Arman sammelt Eierkartons zur Gestaltung einer großen Burg

Material: unendlich viele Eierkartons, Heißklebepistole

Kinder, Eltern und Erzieherinnen sammeln über einen längeren Zeitraum Eierkartons. Sie dienen als einzelne Bausteine. Immer wenn ein Kind oder eine Erzieherin Eierkartons mitbringt, wird an der Burg weitergebaut, indem die entsprechenden Bausteine der Burg mit Heißklebepistole angefügt werden. Das Projekt zieht sich über Wochen hin und die Kinder erleben, dass das Gestalten auch längere Zeit in Anspruch nehmen kann und Geduld braucht.

Arman sammelt Kronkorken zur Erstellung von Handrasseln

Material: Nagel, Hammer, Draht 60 cm, Klebeband, Holzbrett

Die Kronenkorken werden auf das Holzbrett gelegt und mit Hilfe von Nagel und Hammer durchbohrt. Anschließend werden ca. 30 Stück auf den Draht aufgefädelt und die Drahtenden zu Schlaufen gebogen und ineinander verschlungen. Damit es keine scharfen Kanten gibt, wird der Verschluss mit Isolier- oder Klebeband umwickelt.
Variante: Sind die Kinder zu klein, um Nägel in Kronenkorken einzuschlagen, können ebenso gut Knöpfe gesammelt und zur Rassel aufgefädelt werden.

Arman sammelt Papprohre zur Gestaltung von Rainmakern

Material: Pappröhren, Hammer, viele Nägel, Reis, zwei größere Korken

Spiralförmig werden Nägel dicht an dicht in die Pappröhren eingeschlagen. Anschließend werden die Röhren farbig gestaltet. Ist die Farbe getrocknet, verschließt man eine Seite mit Klebeband und füllt Reis ein. Dann wird auch diese Seite verschlossen. Nun kann das Musizieren beginnen.

Arman sammelt Buntstiftstummel zur Gestaltung einer Haarspange

Material: Haarspangenrohling (aus dem Bastelfachgeschäft), Klebstoff, Buntstiftreste

Die Kinder stellen sich ihre Lieblingsfarben aus der Fülle von Buntstiftresten heraus und kleben sie auf den Haarspangenrohling auf. Denkbär wäre Anordnungen der Buntstifte in Regenbogenfarben, von klein nach groß, von hell bis dunkel usw.

Arman sammelt Pappröhren zur Gestaltung einer Kugelbahn

Materialien: Pappröhren aller Art, Schere, Murmeln

Die Pappröhren werden ineinander geschoben und so befestigt, dass sie eine Kugelbahn bilden. Die Kugelbahn ist um so interessanter, je mehr Windungen sie hat. Sie kann einer Achterbahn ähnlich sehen. Dazu muss auch schon mal seitlich in ein Rohr ein Loch eingeschnitten werden, so dass eine andere Pappröhre hineinpasst. Je größer die Kugelbahn ist, desto mehr körperlicher Einsatz ist später beim Spielen gefragt.

Arman sammelt Banderolen zur Gestaltung eines Bildes

Von den Kindern werden Banderolen von Dosen, Flaschen etc. gesammelt. Dazu werden sie jeweils in lauwarmes Wasser gelegt, damit sich die Banderolen leicht ablösen lassen. Anschließend werden sie getrocknet und mit Hilfe eines Bügeleisens geglättet.

Die Banderolen werden auf eine riesige Pappunterlage aufklebt um ein schön strukturiertes Patchworkbild zu erstellen

Arman stellt seine Objekte in einer Vitrine aus

Viele seiner Objekte hat Arman hinter einer Vitrine angehäuft, um damit den Eindruck von Besonderheit zum Ausdruck zu bringen und zu verstärken. Die folgenden Vorschläge zeigen, wie

Kinder ihr „Sammelsurium" als etwas Besonderes präsentieren können.

Arman gestaltet eine Schauvitrine für seine Sammelobjekte

Material: leere Streichholzschachteln, Klebstoff, Deckel eines Schuhkartons

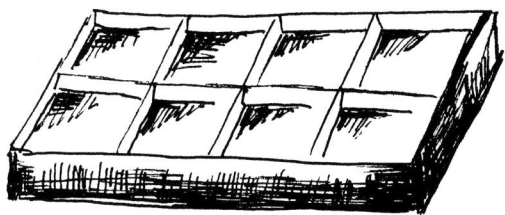

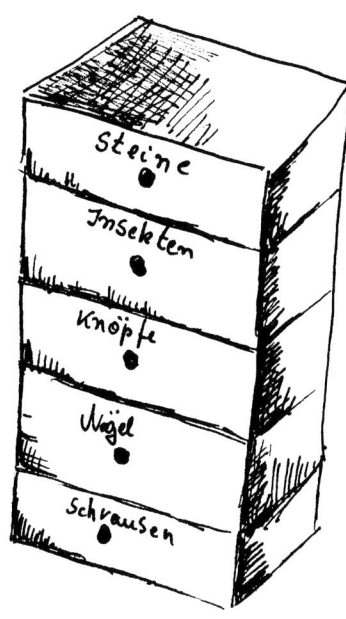

Die leeren „Schubladen" der Streichholzschachteln werden in den Deckel des Schuhkartons geklebt. Dadurch entsteht ein kleiner Schaukasten für kostbare Ausstellungstücke. Die tollsten Sammelstücke können nun in diesen Schaukasten einsortiert werden.

Arman baut eine Sammel-Kommode

Material: leere Streichholzschachteln, Klebstoff, Stift, Musterklammern

Aus den Streichholzschachteln werden die „Schubladen" entnommen. Die Streichholzschachteln klebt man zu einem hohen Turm aufeinander. Anschließend wird in die Vorderseiten der „Schubladen" jeweils ein Loch hinein gebohrt. Darin wird die Musterklammer als Griff befestigt. Die

„Schubladen" werden dann in den Streichholzschachtelturm eingesetzt und können mit seltenen Fundstücken gefüllt werden. Die einzelnen Etagen des „Hochhauses" können entsprechend beschriftet werden.

Armans Eisvitrine

Kleinere Sammel- und Fundstücke kann man in einer „eisigen" Vitrine verwahren. Dazu müssen die kleinen Kostbarkeiten in einen Eiswürfelbehälter gelegt, mit Wasser übergossen und ins Eisfach gestellt werden. Nach ein paar Stunden ist das Wasser gefroren und die Fundstücke erscheinen wie in einer Glasvitrine.

Armans Flaschen-Vitrinen

Viele gesammelte Fundstücke lassen sich gut in alten Flaschen verwahren. Die Kinder überlegen, was sie alles in Flaschen sammeln können (Kerne, Steine, Perlen …) und bringen entsprechende Flaschen von zu Hause mit.

Armans Feriengalerie

Die Kinder bekommen über die Sommerferien den Auftrag, Dinge zu sammeln, die sie mit dem Urlaub verbinden: Eintrittskarten, Ansichtskarten, Briefmarken, Fotos, Zuckertütchen, Bierdeckel, Tüten, Aufkleber, Fahrkarten, Muscheln, Steine … Diese Sammelstücke werden nach den Ferien zu einem „Das waren unsere Ferien"-Bild zusammengestellt.

Stillleben

Unter einem Stillleben versteht man das In-Beziehung-Setzen unterschiedlicher Gegenstände. Arman baut moderne Stillleben und dazu benutzt er Dinge des modernen Alltags. Er sammelt die verschiedensten Gegenstände und arrangiert sie zueinander. Er möchte durch diese Stillleben die Aufmerksamkeit der Gesellschaft auf einzelne alltägliche Dinge lenken.

Arman baut ein Hosentaschen-Stillleben

Material: Alles, was sich in den Hosentaschen der Kinder befindet

Kinder sollen all das aus ihren Hosentaschen herausnehmen, was sich gerade darin befindet. Die Teile legen die Kinder vor sich aus. Sie sollen nun kleine Stillleben damit arrangieren. Die Kinder können dabei sortieren, Dinge vergleichen und miteinander in Beziehung setzen.

Familienstillleben

Material: Teppichbodenfliesen oder Korkfliesen in der Anzahl der Kinder, Reisbrettstifte

Die Kinder erhalten den Auftrag, zu Hause Bilder ihrer Familienmitglieder zu sammeln. Vielleicht finden die Kinder auch Dinge, die sie mit den betreffenden Personen in Verbindung bringen. Die Kinder bringen diese Fundstücke mit. Jedes erhält eine Teppichfliese, auf die alle Einzelteile mit Pinnwandnadel aufgesteckt werden. Anschließend stellt jedes Kind seine Familie mit Hilfe des Stilllebens vor.

Typischer Gegenstand

Jedes Kind bringt einen Gegenstand mit, der typisch ist für seine Person. Dann werden alle Teile in der Mitte des Stuhlkreises gesammelt. Nacheinander werden die Gegenstände hochgehalten und die Kinder müssen erraten, welches Kind wohl welchen Gegenstand mitgebracht hat.

Armans Ich-Stillleben

Jedes Kind hat für sich einen kleinen Tisch, auf dem es eine Woche lang Dinge und Gegenstände sammelt, die für seine Person typisch oder bedeutsam sind.

Nach einer Woche werden die Tische ausgestellt und jedes Kind stellt sich mit seinen Gegenständen vor.

Arman liebt Stillleben des Alltags

Die Kinder suchen und sammeln Gegenstände zu folgenden Themen und bauen daraus ein kleines Stillleben:

- ♣ Womit ich am liebsten spiele
- ♣ Was ich überhaupt nicht mag
- ♣ Wir suchen verschiedene Schüsseln oder Töpfe
- ♣ Alles, was rot ist
- ♣ Alles, was aus Holz ist
- ♣ Alles, was aus Metall ist
- ♣ etc.

ALBERTO GIACOMETTI: DIE KATZE

Der Künstler und sein Werk

Alberto Giacometti wurde am 10. Oktober 1901 in Stampa in der Schweiz geboren. Giacomettis Vater war ein bekannter Maler. Der Sohn, Alberto, verbrachte viel Zeit im Atelier seines Vaters, wo er sich schon sehr früh im Zeichnen übte. Nach der Schule besuchte er die Kunstgewerbeschule in Genf und studierte ab 1922 in Paris, wo er die ersten Skulpturen modellierte. Seine erste Skulptur stellte seinen um ein Jahr jüngeren Bruder Diego dar. Gemeinsam hatten beide 1927 ein Atelier in Paris bezogen. Dort arbeiteten Diego und Alberto als Kunsthandwerker, um sich während des ersten Weltkriegs finanziell durchzuschlagen. 1938 wurde Giacometti von einem Auto angefahren. Man lieferte ihn mit einem zerschmetterten Fuß ins Krankenhaus ein. Er konnte gerettet werden, doch sein Leben musste er hinkend mit einem Klumpfuß bestreiten. Dieses Ereignis stellte ein einschneidendes Erlebnis für Giacometti auch in künstlerischer Hinsicht dar. Giacometti war ein nachdenklicher und grübelnder Mensch, der sich sehr kritisch mit seinen eigenen Arbeiten befasste. Immer wieder machte er Entwürfe für neue Figuren. Dazu bog er Draht zu Figuren und knetete formbares Material herum. Gefiel ihm die Figur, goss er sie in Bronze. Im Mittelpunkt seines Schaffens standen dabei lange, überschlanke spindeldürre Skulpturen, welche meist mit Klumpfüßen geerdet auf übermächtigen Sockelblöcken standen. Die Figuren Giacomettis wiesen tiefe Furchen, Gräben, Rippen, Daumenabdrücke, Einsenkungen, eben Lebensspuren auf. Es sind Spuren, die Hände und Modellierwerkzeug beim Formen der Skulptur im Material hinterlassen haben. Oft scheint es, als hätte Giacometti das Material nur grob um den Draht geknetet. Am 11. Januar 1966 verstarb Alberto Giacometti in Chur im Alter von 65 Jahren. Er hinterließ ein umfangreiches plastisches Werk. Die meisten seiner Stücke befinden sich in der Giacometti-Stiftung im schweizerischen Zürich.

„Die Katze"
(1951, Alberto Giacometti Stiftung, Zürich)

Für die strichmännchenartige Skulptur stand die Katze von Giacomettis Bruder Diego Modell. Sie lebte mit beiden im Atelier. Dennoch ist diese Katzenskulptur eine Ausnahme innerhalb des Werkes von Giacometti. Vorwiegend beschäftigte er sich mit der Darstellung des Menschen. Sicherlich hätte Giacometti die Katze genau so modellieren können, wie sie in Wirklichkeit aussah, doch zum Zeitpunkt ihrer Entstehung waren langgezogene spindeldürre Darstellungen sein Lieblingsmotiv. Trotz aller Reduktion in der Gestaltung erfährt

man recht viel über diese Katze. Sie erweckt den Eindruck einer ausgehungerten, einsamen, verlassenen Katze, die nicht weiß wo sie hingehört. Sie scheint eine zerbrechliche und dennoch majestätische Streunerin zu sein. Sie durchschreitet aufrecht, mit langgestrecktem Schwanz auf samtenen Klumppfoten schleichend den Raum. Sie ist voller Anspannung. Kopf, Rücken und Schwanz bilden eine horizontale Linie. Die Katze ist mit allen Sinnen aufmerksam. Ob sie nach Beute Ausschau hält? Auch das Fell ist erkennbar. Es erhielt seine Struktur durch Fingerabdrücke und Modellierwerkzeug. Dennoch scheint es regelrecht am Körper zu kleben.

Angebote zur „Katze"

Fragestellungen

♣ Beschreibt, was zu sehen ist.
♣ Was fällt besonders daran auf?
♣ Was gefällt dir / gefällt dir nicht?
♣ Was beobachtet die Katze gerade?
♣ Warum ist die Katze so dünn?
♣ Warum hat die Katze so dicke Pfoten?
♣ Was könnte die Katze alles erlebt haben?
♣ Würdet ihr mit dieser Katze gerne kuscheln und schmusen wollen?
♣ Warum klebt das Fell an der Katze so fest?
♣ Was ist der schönste Traum dieser Katze?

Katzengeschichte

Die Kinder erfinden eine Katzengeschichte, zur Skulptur passend. Was könnte die Katze alles erlebt haben?

Katze aus Pfeifenputzern

Material: Pfeifenputzer, Zange oder Schere

Die Kinder formen aus den Pfeifenputzern eine Katze, die Giacomettis Katze ähnlich sieht.

Drahtige Katze

Material: Draht, Zange

Kinder biegen aus Draht eine Katze, einen Menschen, ein Tier oder eine andere Figur. Diese Drahtfigur kann anschließend mit einem formbaren Material umknetet werden.

Katzenwindspiel

Material: Tonpapier, Schere, Klebstoff.

Aus Tonpapier werden Kreise von 20, 12 und 8 cm ausgeschnitten. Der 12-cm-Kreis dient als Körper, der 8-cm-Kreis als Kopf

der Katze. Der Kopf wird auf den Körper geklebt. Nun werden noch zwei kleine Dreiecke als Ohren zugeschnitten und angefügt. Der größte Kreis wird in einer Spirale von außen nach innen aufgeschnitten. So entsteht der Schwanz der Katze. Nun kann man das Katzenwindspiel mit Hilfe eines Fadens über einen Heizungskörper hängen. Durch die Wärme der Heizung wird die Katze sanft bewegt.

Verspielte Katze

Giacomettis Katze war Tag und Nacht unterwegs um Mäuse zu fangen, dennoch kam sie oft ausgehungert nach Haus. Sie hatte kein Glück, die Mäuse waren einfach schneller. Sie kam dann todmüde und mit leerem Magen zu Hause an, freute sich auf ihren warmen Platz neben dem Ofen im Atelier und träumte von einem erfolgreicheren Tag.

Katze jagt Maus
Material: Kreide

Ein Kind spielt die Katze. Alle anderen Kinder sind Mäuse mit eigenem Nest, nur eine Maus hat kein eigenes. Die Nester werden in Kreisform aufgemalt. Die „heimatlose" Maus wird von der Katze gejagt und kann sich nur retten, indem sie eine andere Maus aus ihrem Nest durch Abschlagen verdrängt. Diese wird nun zum Opfer. Wird eine Maus von der Katze gefangen, findet ein Rollentausch statt und das Spiel kann weiter gehen.

Katz und Maus
Die Kinder bilden einen Kreis und halten sich an den Händen fest. Innerhalb des Kreises steht ein Mitspieler als Maus. Außerhalb des Kreises steht ein zweiter Mitspieler als Katze. Die Katze ruft dem Mäuschen zu „Maus, Maus, komm heraus, sonst kratz ich dir die Augen aus." Das Mäuschen erwidert der Katze „Nein, ich komme nicht heraus, ich schlüpfe schnell zum Loch hinaus." Nun beginnt eine Verfolgungsjagd. Dabei versucht die Katze, die Maus zu erwischen. Sie kann innerhalb des Kreises Schutz finden, aber auch dort kann ihr die Katze folgen, wenn die anderen Kinder sie hereinlassen. Wird die Maus gefangen, schlüpfen zwei andere Kinder in die Rollen von Katz und Maus.

Armer schwarzer Kater
Die Kinder bilden einen Stuhlkreis. Ein Kind stellt den armen schwarzen Kater dar. Es rutscht auf den Knien von Kind zu Kind. Dabei hält es kläglich miauend bei einem beliebigen Spielpartner an, um mit diesem erbärmlichen Miauen den Spielpartner zum Lachen zu bringen. Dieser muss nun der Katze mit den Worten „Armer schwarzer Kater" über den Kopf streicheln ohne die Miene zu verziehen. Lacht er dennoch, wird er zum armen schwarzen Kater.

Geschmeidig wie eine Katze

Die Kinder bewegen sich auf allen Vieren geschmeidig wie Katzen auf einer Langbank o. Ä. fort.

Katzen-Bewegungen

Der Vierfüßlerstand ist Ausgangspunkt der Körperübung. „Stellt Euch vor, ihr seid Katzen. Ihr geht auf Mäusefang. Dazu hebt ihr langsam die linke Vorderpfote und streckt sie nach vorne aus. Dann hebt ihr die rechte Pfote und streckt sie nach vorne aus. So bewegt ihr euch geschmeidig fort. Nun legt ihr eine Pause ein und macht genüsslich einen Buckel. Doch plötzlich entdeckt ihr ein Mauseloch. Ihr geht in Stellung, streckt eueren Rücken und hebt den Schwanz kerzengerade in die Luft. Doch leider kommt aus dem Mauseloch keine Maus heraus. Das macht euch müde, ihr legt euch auf die Seite und rollt euch zum Schlafen ein.

Katzen-Fingerspiel

Zwei Katzen lieben das Mäusefangen	*Die Finger laufen hin und her.*
Ihre Krallen bewegen sich wie Zangen	*Die Finger krümmen sich zu Krallen.*
Schnell schlüpfen sie durch alle Löcher	*Die linke Hand formt ein Loch, der rechte Zeigefinger schlüpft hinein.*
huschen über manche Dächer	*Die Hände bilden ein Dach.*
fallen öfter auch herunter.	*Die Hände fallen herab.*
Landen vor dem Mäuseloch ganz munter.	*Beide Hände formen ein Loch.*
Langsam schleichen sich die zwei heran,	*Beide Hände bewegen sich.*
damit die Maus sie nicht sehen kann.	*Kinder halten sich die Augen zu.*
Nun schlagen sie zu, die Katzentatzen.	*Rechte Hand schlägt auf die linke Hand.*
Doch – fort ist die Maus.	*Hände hinterm Rücken verstecken.*
Die Katzen können es nicht fassen.	*Kopf schütteln.*

Katzenmeditation

Die Kinder legen sich gemütlich auf weiche Kissen in die Kuschelecke. Sie schließen die Augen und stellen sich vor, ein Kätzchen zu sein, welches gerade von einem ereignisreichen Tag zurückgekehrt ist. Vor dem Einschlafen denkt es noch einmal an alle Ereignisse des Tages.

Es sieht noch einmal

- ♣ wie es spielend hinter einem Wollknäuel herumgetollt ist,
- ♣ wie es sich vor dem Geräusch des Staubsaugers erschrocken hat,
- ♣ wie es in eine große Einkaufstüte gekrochen ist und dort kaum mehr herauskam,
- ♣ wie es lange vor einem Mauseloch gelauert hat, um eine kleine Maus zu erhaschen, die jedoch letztendlich wendiger war als das Kätzchen.
- ♣ wie es ganz sanft um die Beine von Menschen gestreift ist und anschließend von diesen gestreichelt wurde,
- ♣ wie es versucht hat, einen kleinen Vogel zu fangen und dabei fast von einer hohen Mauer gefallen wäre,
- ♣ wie es versucht hat, auf einen hohen Baum zu klettern und anschließend nicht mehr wusste, wie es herunter kommen soll.
- ♣ Und dann erinnert es sich noch an den Regen, der es beim Spielen überrascht hat.

Es war ein anstrengender Tag für das Kätzchen. Es kuschelt sich nun mollig in die warmen Kissen und nach den Ereignissen des Tages schläft es schnell ein.

Plastisches Gestalten mit formbarem Material

Bei den bildhauerischen Tätigkeiten unterscheidet man das additive und das subtraktive Verfahren. Unter dem subtraktiven Verfahren versteht man Techniken, bei denen dem Materialblock durch Abschlagen oder Wegschneiden Material entzogen wird. Das subtraktive Verfahren wurde z.B. bei Michelangelo deutlich. Im additiven Verfahren entsteht die Form durch knetbare, formbare Materialien wie z.B. Ton. Doch Ton ist nicht das einzige Material mit dem man plastisch additiv arbeiten kann. Es gibt die vielfältigsten Materialien, welche Kindern das dreidimensionale Gestalten ermöglichen. Zwar sind diese Materialien nicht so haltbar und stabil wie Ton, dennoch, wenn es sich um das Kneten und das Verformen als Prozess handelt und weniger um das Endprodukt, können diese Materialien echte Alternativen darstellen. Viele dieser Materialien kann man preiswert selber herstellen. Sie werden oft aus Abfallmaterialien hergestellt, können im Freien trocknen oder im Backofen in eine härtere Konsistenz wechseln. Sie erlauben Kindern, Spuren in Form von Fingerabdrücken, Kratern, Gruben, Kanten und Furchen zu hinterlassen. Sie bieten die Möglichkeit zum Matschen, zum Schmieren und zum Kneten und befriedigen die Bedürfnisse der Kinder, dreidimensional zu gestalten.

- ♣ Die meisten Materialien finden sich im Haushalt.
- ♣ Alaunpulver und Weinsteinbackpulver erhält man in Drogerien.
- ♣ Die formbaren Materialien trocknen größtenteils auch an der Luft (genauere Hinweise in den folgenden Rezepten).
- ♣ Die Materialien können alle mit Lebensmittelfarbe eingefärbt werden.
- ♣ Die formbaren Massen können fast alle in luftdichten Behältern, Tüten und Folien längere Zeit aufbewahrt werden.
- ♣ Sind die Skulpturen getrocknet oder gebacken, können sie auch bemalt und lackiert werden.

Salzteig
Material: 4 Tassen Mehl, 1 Tasse Salz, 1,5 Tassen warmes Wasser, Schüssel

In einer Schüssel werden Mehl und Salz vermischt. Dazu wird warmes Wasser gefüllt. Die Zutaten werden so lange geknetet, bis die Masse sich zu einem Klos formen lässt. Möglicherweise muss noch etwas Mehl zugefügt werden. Mit Lebensmittelfarbe kann der Teig auch verschieden Farben erhalten. Dann können die Kinder den Teig zu kleinen Skulpturen verarbeiten. Die Skulpturen können gebacken werden (bei 160 Grad im Backofen eine Stunde) oder an der Luft trocknen.

Er sollte in einer Folie oder Tüte im Kühlschrank aufbewahrt werden. Trocknet er etwas ein, kann man ihn unter Zugabe von wenig Wasser wieder geschmeidig machen.

Backpulverteig
Material: 1 Tasse Backpulver, $^1/_2$ Tasse Stärkemehl, $^2/_3$ Tasse warmes Wasser, Kochtopf, Kochlöffel, Brett

Backpulver und Stärkemehl werden im Kochtopf miteinander vermengt. Das Wasser wird hinzugefügt. Die Materialien werden nun gut miteinander vermischt, bis eine glatte Masse entsteht. Diese wird nun bei mittlerer Temperatur unter ständigem Rühren erhitzt, bis aus ihr ein zäher Teig geworden ist. Dieser wird dann auf das Brett gekippt und gut durchgeknetet.
Achtung: Die Masse trocknet sehr schnell. Sie muss also zügig verarbeitet werden. Der Teig kann auch mit Lebensmittelfarbe eingefärbt werden.

Ein starker Teig
Material: 1 Tasse Stärkemehl, 1 Tasse Salz, 1 Tasse heißes Wasser, $^1/_2$ Tasse kaltes Wasser, Kochtopf, Kochlöffel, Schüssel, Brett.

Salz und heißes Wasser werden zum Kochen gebracht. Stärkemehl und kaltes Wasser werden miteinander vermischt und der Masse im Topf beigefügt. Unter ständigem Rühren bei mittlerer Temperatur entsteht so eine Art Teig. Dieser wird zum Auskühlen auf ein Brett gekippt und anschließend nochmals durchgeknetet. Dann ist der Teig für die Kinder verwendbar. Er kann an der Luft trocknen oder bei 90 Grad eine Stunde im Backofen backen.

Sägemehlteig
Material: 4 Tassen Sägemehl, 2 Tassen Mehl, Schüssel, Wasser

Sägemehl und Mehl werden miteinander vermischt. Man fügt dieser Masse so lange Wasser hinzu, bis ein fester klebriger Teig entsteht. Die Skulpturen trocknen an der Luft.

Alaunknete
Material: 200 g Mehl, 100 g Salz, 1 El Alaunpulver (Drogerie), $^1/_4$ l kochendes Wasser, 1,5 El Öl, nach Wunsch Lebensmittelfarbe

Mehl, Salz und Alaunpulver werden miteinander vermischt. Heißes Wasser wird vorbereitet. Öl und Lebensmittelfarbe werden dem heißen Wasser hinzugefügt. Diese Mischung wird nun mit den anderen Zutaten in der Schüssel vermischt. Die Masse wird so lange verrührt, bis sie abgekühlt ist und mit den Händen durchgeknetet werden kann. Durch weitere Zugabe von Öl kann man sie bei Bedarf noch geschmeidiger machen.

Verwahrt man die Knete luftdicht, kann man sie lange gebrauchen.

Weinsteinteig

Material: 2 Tassen Mehl, 2 Tassen Wasser, 2 Tassen Salz, 2 El Weinsteinbackpulver aus der Drogerie

Die Materialien werden miteinander vermischt und bei mittlerer Temperatur unter ständigem Rühren zum Kochen gebracht, bis ein Teig entsteht. Verwahrt man dieses Material luftdicht, kann es lange gebraucht werden.

Giacometti erlebt formbare Materialien mit allen Sinnen

Giacometti nahm formbare Materialien mit all seinen Sinnen wahr. Besonders gerne hinterließ er tiefe Daumenabdrücke in seinem Material. Betastet man seine Figuren, so kann man Krater und Kanten spüren. Dies zeugt von seiner tiefen taktilen Verbindung zu formbaren Materialien.

Knete blind erleben

Material: für jeden Mitspieler ein Stück Knete, Tücher

Jedem Kind werden zunächst die Augen verbunden. Anschließend erhalten alle ein Stück Knete. Nun sollen die Kinder mit geschlossenen Augen einen Gegenstand ihrer Vorstellung formen. Ist das Formen abgeschlossen, werden die Augenbinden gelöst. Die Kinder werden von den Ergebnissen überrascht sein, denn oft weichen Vorstellung und geformtes Objekt stark voneinander ab.

Variante: Statt dass die Kinder ihre eigenen Objekte anschließend betrachten, geben sie ihren geformten Gegenstand mit verbundenen Augen im Uhrzeigersinn an ihren nächsten Partner weiter. Dieser soll nun durch Tasten den vom Nachbarn geformten Gegenstand erkennen.

Gefühle formen

Material: Knete

Kinder sollen mit geschlossenen Augen die Gefühle, von denen sie momentan bewegt werden, befreien, indem sie ihnen mit knetbarem Material Form geben.

Tipp: Kann auch nach Meditationen oder Fantasiereisen hilfreich sein.

CHRISTO UND JEANNE-CLAUDE:
VERHÜLLTER REICHSTAG IN BERLIN

Die Künstler und ihr Werk

Christo wurde am 13. Juni 1935 im bulgarischen Gabrovo als Christo Javacheff geboren. Jeanne Claude, seine spätere Lebenspartnerin, kam am gleichen Tag in Casablanca, Marokko als Jeanne-Claude de Guillebon zur Welt. Er studierte Kunst in Sofia und Wien. 1957 besucht er Paris und lernte dort Jeanne-Claude kennen. Seinen Lebensunterhalt verdiente er sich bis zu diesem Zeitpunkt mit dem Malen von Porträts. Christo war von Bulgarien in den Westen geflohen. Seine Flucht bedeutete für ihn geistige Freiheit, war er doch vorher von einem sozialistischen Regime geprägt und bestimmt worden, welches seiner Fantasie keine Möglichkeiten ließ. In Paris begann er erstmals mit dem Verhüllen von Objekten. Er verhüllte Dosen, Flaschen, Stühle, kurz, er verhüllte alles, was sich ihm anbot. Meistens waren es uninteressante Objekte, die von ihm bearbeitet wurden. Erst durch Christos Verhüllungen wurden sie zum Gegenstand von Kunstbetrachtung. Das Verhüllen reize ihn deshalb so sehr, weil diese gestalterische Technik ihm die Möglichkeit gab einen neuen Blick auf Altbekanntes zu werfen, Altes mit neuen Augen zu sehen und sich von dem Alten im neuen Kleid verzaubern zu lassen. Christo schärfte abgestumpfte Blicke. Anfangs waren es Alltagsgegenstände, die von ihm verhüllt wurden. Später wurden die Herausforderungen für ihn immer größer und somit die Stoffbahnen, die er für seine Arbeiten benötigte immer länger. 1961 verwirklichten Christo und Jeanne-Claude ihre erste gemeinsame Arbeit: Gestapelte Ölfässer im Hafen von Köln. Gemeinsam bearbeiteten sie Brücken und Fassaden. Sie verhüllten das Victtorio Emanuele Denkmal in Mailand, eine römische Stadtmauer in Rom, die Brücke Pont Neuf in Paris und viele andere interessante Objekte. Eines der spektakulärsten Objekte war das Verhüllen des Reichstages in Berlin.

„Verhüllter Reichstag in Berlin"

(Berlin 1971 bis 1995)

Christo und Jeanne-Claude arbeiteten sehr lange an der Verhüllung des Reichstages in Berlin. Schon 1971 begannen sie mit den ersten Planung zu diesem Projekt. Doch

damals wurde ihnen die Realisierung ihrer Idee nicht gleich erlaubt. Es dauerte lange, bis die zuständigen Politiker für dieses Projekt begeistert werden konnten und letztendlich im Februar 1994 die Zustimmung zur Verhüllung gaben. Für das 42,5 m hohe und 135,7 m lange Gebäude benötigten Christo und Jeanne-Claude 100.000 qm eines silberfarbenen Kunststoffgewebes mit dem sie den Reichstag verhüllen wollten. Der Stoff wurde speziell zu diesem Zweck entwickelt. Um die Arbeit durchzuführen, hatten Christo und Jeanne-Claude viele Helfer, unter anderem auch professionelle Kletterer. Leider sind gerade die großen Objekte Christos und Jeanne-Claudes immer nur von kurzer Dauer. So konnte auch der Reichstag in Berlin nur vierzehn Tage in seinem neuen Kleid erstrahlen. Dank des silberfarbenen Kunststoffgewebes waren zu verschiedenen Tageszeiten unterschiedliche Lichtreflexionen zu beobachten. Davon zeugen die vielfältigsten Photographien und Filme, welche die Erinnerung an dieses spektakuläre Ereignis aufrecht erhalten.

Fragen zum „Verhüllten Reichstag"

♣ Beschreibt, was zu sehen ist.

♣ Was fällt besonders daran auf?

♣ Was gefällt dir / gefällt dir nicht?

♣ Zu welchen Anlässen werden Dinge verpackt?

♣ Habt ihr schon mal ein verhülltes Haus gesehen? Wann werden Häuser verhüllt?

♣ Warum glaubt ihr, verhüllten Christo und Jeanne-Claude Brücken und Gebäude?

♣ Habt ihr auch schon mal Gegenstände verpackt? Warum habt ihr diese verpackt?

♣ Beschreibt, wie ihr euch den Reichstag unter dem Stoffgewebe vorstellt!

♣ Wenn ihr ein Gebäude verpacken könntet, welches Gebäude würdet ihr wählen?

Plastisches Gestalten durch Verhüllen, Verpacken, Verstecken

Verpackungen begegnen uns täglich. Alles, was wir kaufen, ist entweder verpackt oder wird beim Kauf eingepackt. Im Winter werden die Gartenstühle, die draußen bleiben, zum Schutz verhüllt und Pflanzen die besonders empfindlich sind, werden mit Leinen, Nylon oder Stroh abgedeckt, um sie vor Frost zu schützen. Größere Gebäude, welche renoviert werden, müssen zum Schutz der Passanten verhüllt werden. Und wenn wir etwas verschenken, lassen wir das Geschenk einpacken oder geben uns beim Verpacken sehr viel Mühe. Kaufen wir beim Gärtner einen Blumenstrauß, lassen wir uns diesen verpacken. Wird etwas in größerem Rahmen der Gesellschaft präsentiert, werden Objekte feierlich enthüllt.

Kinder lieben das Enthüllen und das Auspacken von Gegenständen oder Geschenken. Nicht umsonst werden bei größeren Feierlichkeiten wie z. B. einer Hochzeit oder einem Geburtstag Kinder immer wieder gefragt, ob sie nicht beim Auspacken der Geschenke behilflich sein wollen. Was macht das Auspacken und das Verpacken für Kinder so spannend? Verpackungen vermitteln den Anschein von etwas Kostbarem, etwas Wertvollem. Verpackungen verbergen etwas und rufen dadurch Spannung und Neugier hervor. Sie regen die Fantasie an und wecken Forschergeist. Verpackungen täuschen etwas vor – Achtung: Mogelpackung!? – und können dennoch Auskunft über den Gegenstand geben. Sie reduzieren Gegenstände auf ihre schlichteste Form.

Verpackungen geben aber auch Anlass, sich nicht nur auf seine visuelle Wahrnehmung zu verlassen. Sie laden zum Schütteln, zum Wiegen und zum Betasten ein. Ist die Neugier nach dem Auspacken befriedigt, stellen Kisten, Kasten, Geschenkpapier und Bändchen eine neue Herausforderung dar. Man kann mit ihnen gestalten und experimentieren. Manchmal ist das Geschenk nur halb so interessant, wie das Material, das es umgab. Wen wundert es da, dass sich Kinder für Verpackungen begeistern?

Praktische Tipps zum Verhüllen, Verpacken, Verstecken und Enthüllen

♣ Materialien, die zum Verhüllen verwendet werden können: Zeitungspapier, Klopapier, Tüten, Haushaltsrolle, Stoffe, Tapeten, Makulaturpapier aus Druckereien, Packpapier, Geschenkpapier, Mehlsäcke, Kartoffelsäcke

♣ *Weitere Materialien die benötigt werden:* Seil, Klebeband, Bändchen, Wolle, Fäden

♣ *Anlässe, um das Thema Verhüllung zu erarbeiten:* Der Anstreicher kommt in die Einrichtung: zwangsläufig müssen Schränke, Stühle und Tische verhängt werden.

♣ Im Herbst müssen Pflanzen geschützt oder das Kindergartengelände durch Abdecken wintersicher gemacht werden.

Weihnachten oder andere Festtage stehen vor der Tür, Geschenke müssen verpackt werden.

♣ Ein größeres Gebäude in der Umgebung wird renoviert und ist zum Schutz der Passanten verhüllt.

Wenn Christo und Jeanne-Claude ihre Objekte verpacken, brauchen sie immer besonders interessant gestaltetes Material. Vielleicht können die Kinder ihnen bei der Gestaltung des Packpapiers behilflich sein.

Christo und Jeanne-Claude gestalten ein Geschenkpapiermonster
Materialien: Geschenkpapier, Kartons, Geschenkband, Klebstoff, Schachteln

Nach den Weihnachtsfeiertagen fällt immer sehr viel Verpackungsmüll (Kisten, Schachteln, Geschenkpapier, Bändchen …) an, daraus kann ein wunderbares Ungetüm gebaut werden.

Mogelpackung I
Ein kleines Geschenk soll riesengroß verpackt werden. Dazu benötigt man ungefähr zehn verschieden große Schachteln (Kartons) die ineinander passen. Am eindrucksvollsten ist das Ergebnis, wenn man mit einer Umzugskiste beginnt und mit einem Schmuckkästchen endet.

Mogelpackung II
Material: Geschenkpapier, Band, Klebstoff, wertlose Gegenstände

Kinder sollen wertlose Gegenstände wertvoll und kostbar verpacken. Dabei soll aus der Form der Verpackung nicht erschließbar sein, um welchen Gegenstand es sich handelt. Haben alle ihr Geschenk verpackt, wird ein Gespräch darüber geführt, was sich durch die Verpackung am Objekt geändert hat.

Christo und Jeanne-Claude gestalten Geschenkpapier durch Druckstöcke
Material: Packpapier oder Makulaturpapier, Temperafarben, Pinsel, Moosgummi, Bierdeckel, Korken, Schere, Klebstoff oder Heißklebepistole

Aus Moosgummi werden von den Kindern Motive ausgeschnitten. Diese werden mit Klebstoff auf Bierdeckel aufgeklebt, welche nun als Druckstöcke dienen. Damit die Kinder beim Drucken mehr Druckkraft haben, werden die Druckstöcke zusätzlich mit Griffen versehen. Dazu wird der Korken auf der Rückseite des gestalteten Bierdeckels im Zentrum platziert. Dann können die Kinder ihren Druckstock einfärben und diesen anschließend fest auf das Packpapier aufdrücken. Der Druckstock dient der Vervielfältigung.

Somit kann der „serienmäßigen" Gestaltung des Geschenkpapiers nichts mehr im Weg stehen.

Christo und Jeanne-Claude gestalten Geschenkpapier mit rollenden Flaschen
Material: Flasche, Seil oder Wolle, Glasplatte, Walze, Pack-, Makulatur- oder Zeitungspapier

Die Flasche wird mit Seil beliebig umwickelt und anschließend das Seil verknotet. Dabei ist darauf zu achten, dass die Fäden nicht zu sehr übereinander gewickelt werden und einzelne Fäden noch sichtbar sind. Dann wird Farbe auf die Glasplatte aufgetragen. Mit Hilfe einer Walze, die viele vom Linoldruck kennen, wird die Farbe über die Glasplatte ausgerollt. Ist die Farbe gut verteilt, wird die Flasche mit leichtem Druck über die Glasplatt gerollt, so füllen sich die Fäden mit Farbe. Nun können große Flächen in der Flaschenfadentechnik durch Abrollen bedruckt werden.

Christo und Jeanne-Claude verpacken ein Geschenk
Material: Schuhkarton, Geschenkpapier, Klebeband, Bändchen

Es werden Paare gebildet. Das Paar muss in Handfassung gemeinsam ein Geschenk verpacken. Dabei steht einem Mitspieler nur die rechte Hand und dem anderen Mitspieler nur die linke Hand zur Verfügung. Beide müssen sich also gut verständigen. Dieses Spiel kann auch als Wettkampfspiel gespielt werden, wenn mehrere Paare daran beteiligt sind.

Christo und Jeanne-Claude verpacken Teddies

Material: Haushaltstücher von der Rolle, Seil, Kuscheltiere der Kinder

Kinder bringen ihre Kuscheltiere von zu Hause mit. Diese sollen mit Haushaltstüchern und Seil so umwickelt werden, dass man von dem Kuscheltier nur noch die äußere Form erkennen kann.

Christo und Jeanne-Claude verhüllen eine Statue

Material: Mülltüten, Seil

In Absprache mit dem Bürgermeister des Ortes verhüllen die Kinder mit Mülltüten

und Seil eine Plastik oder eine Brunnen-figur.

Christo und Jeanne-Claude verhüllen den Garten

Im Herbst kann man mit den Kindern im Garten Gegenstände oder Pflanzen durch Ein- und Verpacken winterfest machen.

Christo und Jeanne-Claude verhüllen den Gruppenraum
Material: Stühle, Tische, Decken

Mit den Tischen und Stühlen soll ein Krabbelparcours gebaut werden, der mit Decken verhüllt wird.

Christo und Jeanne-Claude verhüllen ihre Freunde

Nicht nur Dinge lassen sich verhüllen, auch Menschen. Dabei können die unterschiedlichsten Erfahrungen gemacht werden, aus Vertrauten werden plötzlich Unbekannte.

Christo und Jeanne Claude verhüllen einen Menschen mit Schlauchstoff
Material: für jedes Kind ungefähr 2 m Schlauchstoff

Die Kinder steigen in den Schlauchstoff hinein und formen durch Bewegungen

Figuren. Die anderen Kinder sollen erkennen, welche Positionen das Kind im Schlauchstoff eingenommen hat und diese pantomimisch nachstellen.

Christo und Jeanne-Claude verhüllen Freunde in einem Teppich

Die Kinder werden vorsichtig in den Teppich eingerollt und anschließend wieder ausgerollt.

Christo und Jeanne-Claude verpacken einen Freund
Material: Sack, Rollbrett, Seil

Ein Kind wird, ohne dass die anderen es merken, in einem Sack versteckt. Achtung: An Löcher zum Atmen denken!! Auf einem Rollbrett wird das Kind in die Gruppe gerollt. Die Kinder sollen durch Fragen herausfinden, wer im Sack steckt.

Christo und Jeanne-Claude gestalten eine Mumie
Ein Kind aus der Gruppe wird von den anderen Kindern mit Klopapier zu einer Mumie umwickelt.

Christo und Jeanne-Claude gestalten einen Riesenwurm
Material: 7 alte Betttücher, Nähgarn, Schere

In die sieben Betttücher wird jeweils in die Mitte ein Loch hineingeschnitten, dann werden sie aneinander genäht. So entsteht ein riesengroßer Umhang, der für sieben Kinder Platz bietet.

Christo und Jeanne-Claude verhüllen einander mit einem Schwungtuch
Material: Schwungtuch

Alle Kinder bewegen das Schwungtuch. Nun ruft die Spielleiterin verschiedene Spielvarianten aus:

♣ Es werden alle Kinder verhüllt, die eine Brille tragen.

♣ Es werden alle Kinder verhüllt, die Jeans tragen.

♣ Es werden alle Kinder verhüllt, die kurze Haare haben.

Die Kinder, die sich angesprochen fühlen, laufen in die Mitte des Tuches und lassen sich von dem Tuch bedecken. Anschließend gehen sie wieder in ihren Kreis zurück.

Christo und Jeanne-Claude spielen mit Verhüllungen

Christo und Jeanne-Claude spielen verhülltes Tasten

Material: Leintuch, viele unterschiedliche Gegenstände des Alltags

Unter einem großen Leintuch werden viele verschiedene Gegenstände aus dem Alltag der Kinder versteckt. Dann setzen sich Kinder um das Tuch herum. Nacheinander darf sich jedes Kind einen Gegenstand unter dem Tuch aussuchen. Dieser Gegenstand muss unter dem Tuch ertastet und beschrieben werden.

Christo und Jeanne-Claude verhüllen runde Sachen

Material: viele unterschiedliche runde Gegenstände (Ei, Ball, Apfel, Styroporkugel …), Küchenrolle, Seil

Die Erzieherin verpackt vor den Augen der Kinder viele runde Dinge mit Hilfe von Küchenkrepp und Seilen. Dadurch sehen die „Bälle" fast gleich aus. Die Kinder sollen nun raten, was sich wohl in den einzelnen Verpackungen befindet. Dazu kann die taktile und die visuelle Wahrnehmung behilflich sein.

Was ist das Ding in meiner Hand?

Material: Pfänder, großes Tuch

Von den Kinder werden zum Beginn des Spieles Pfänder erbeten, die in die Mitte des Spielkreises gelegt und mit einem Tuch verdeckt werden. Die Spielleiterin sucht nun einen Gegenstand unter dem Tuch heraus mit den Worten „Was ist das Ding in meiner Hand? Was soll derjenige tun?" Die Kinder beraten, was das Kind zum Erwerb seines Pfandes als Leistung einbringen

muss. Nun wird das Pfand unter dem Tuch hervor genommen und das betreffende Kind muss die Aufgabe lösen.

Christo und Jeanne-Claude gestalten verhüllte Tastkisten

Material: Schuhkartons, Mülltüten, verschiedene Materialien

Die Schuhkartons werden mit verschiedenen Materialien gefüllt und anschließend mit Tüten verhüllt, bzw. in Mülltüten so verpackt, dass man noch die Möglichkeit hat, in die Tastkisten hineinzugreifen. Die Aufgabe besteht nun darin, dass die Kinder die unterschiedlichen Materialien durch taktiles Wahrnehmen erkennen.

Variante aus Schachteln oder Schuhkartons: Jedes Kind bearbeitet eine Schachtel. In die Schachtel wird oben oder seitlich ein Loch eingeschnitten, dass es erlaubt, in die Schachtel zu greifen. Dann darf jedes Kind seinen Karton mit Material füllen. Anschließend werden sie von den Kindern zu einem Turm aufeinander, aneinander und übereinander geklebt, ohne die Tastlöcher zu verkleben. Ist der Turm stabil gebaut, kann nun von allen Seiten mit dem Ertasten begonnen werden.

Christo und Jeanne-Claude verhüllen die Gesichter ihrer Freunde

Material: große Tücher

Einige Kinder stellen sich zur Verfügung, um ihr Gesicht abdecken zu lassen. Die anderen Kinder müssen durch vorsichtiges Abtasten erkennen, wer sich unter dem Tuch verbirgt.

Christo und Jeanne-Claudes Sackrennen

Material: viele große Kartoffelsäcke

Jedes Kind erhält einen Kartoffelsack, in den es hineinsteigt. Die Aufgabe besteht nun darin, möglichst schnell einen ungefähr 8 m langen Parcours sackhüpfend zu überwinden.

Zum guten Schluss

Jedes Buch muss einmal beendet werden. Obgleich ich ihnen nur einen kleinen Einblick in die Bildhauerei eröffnen konnte, habe ich mich dennoch bemüht, das Spektrum des plastischen Gestaltens so umfangreich wie möglich zu präsentieren.

Es hätte noch Vieles über andere Bildhauer, ihr Leben, ihr Werk, ihre Techniken hinzugefügt werden können. Doch es ging mir um Motivation und Anregung. Ich hoffe also schlicht, ihr Interesse an der Bildhauerei geweckt zu haben.

Darüber hinaus wünsche ich mir, das Buch möge ihnen Mut machen, mit Kindern Skulpturen zu betrachten und mit ihnen eigene plastische Werke zu erstellen. Denn Kunst ist nicht Selbstzweck, sondern tritt mit jedem Betrachter in Kommunikation. Es liegt an uns, dieses Angebot anzunehmen und den Kindern die Sprache dieser bildhaften Welt zu vermitteln. Oft bringen Kinder dafür ein besseres Verständnis und größere Offenheit mit, als so mancher verbildete Erwachsene. Lernen wir von unseren Kindern!

Kurzbibliographie

Bücher

Alt, L.: Speckstein-Figuren gestalten, Augsburg 1996.

Baal-Teshuva, J.: Christo & Jeanne-Claude, Köln 1995.

Badegruber, B.: Spiele zum Problemlösen, Bd. 1, Linz 1998.

Ders.: Spiele zum Problemlösen, Bd. 2, Linz 1997.

Baum, H.: Dreckspatz, Schmierfink, Schmuddelkind!, Freiburg 1997.

Ders.: Spiele aus Großmutters Zeit, Freiburg 1997.

Becker, M.: Niki de Saint Phalle, München 1999.

Braun, D.: Handbuch Kreativitätsförderung, Freiburg 1999.

Buchholz, E.L. / Zimmermann: Picasso, Köln 1999.

Friedländer, R.: Mein Museumsbuch, Köln 1974.

Grömling, A.: Michelangelo Buonarroti, Köln 1999.

Kirschmann, J. / Schulz, F.: Praktiken der modernen Kunst, Stuttgart 1996.

Diess.: Bilder erleben und verstehen, Leipzig 1999.

Kohl, M.: Das KunstIdeenbuch, Mühlheim 1996.

Dies./Gainer, C.: Natürlich Kunst, Mühlheim, 1994.

Dies./Solga, K.: Malen wie die Großen, Mühlheim 1998.

Manning, M. / Granström, B.: Alle meine Schätze, Luzern 1999.

Meyers Jugendbibliothek: Die Arbeit des Bildhauers, Mannheim 1994.

Neret, G.: Michelangelo, Köln 1998.

Partsch, S.: Haus der Kunst, München 1999.

Pfleger, S.: Ein Tag mit Picasso, München 1999.

Regel, G. / Schulz, F. / Kirschenmann, J. / Kunde, H.: Moderne Kunst. Zugänge zu ihrem Verständnis, Stuttgart 1994.

Reber, R.: Speckstein, Wiesbaden 1994.

Rotzler, W. / Adelmann, M.: Alberto Giacometti, Bern 1970.

de Saint Phalle, N.: Der Tarotgarten, Bern 1999.

Schäl, H./Abdalla, U./Wiesner, A.: Spielsachen aus Ton, Ravensburg 1987.

Schöttle, H.: Workshop Kunst – Plastik/ Architektur, Paderborn 1997.

Seckel, H.: Museé Picasso, Paris 1996.

Seitz, R.: Kinderatelier, München 1986.

Ders.: Phantasie und Kreativität, München 1998.

Struck, G.: Sammlung Berggruen, Berlin 1999.

Wierz, J.: Grosse Kunst für kleine Leute, Wiltingen 1999.

Dies.: Keine Angst vor Mona Lisa, Wiltingen 1999.

Zeitschriften

art, Das Kunstmagazin, Oktober 1999.
Das große Sammelwerk, Maler, Nr. 23, Michelangelo.
Das große Sammelwerk, Maler, Nr. 71, Picasso.
Kindergarten heute, November 1993.
Kindergarten heute, April 1995.
Kindergarten heute, September 1995.
Kindergarten heute, März 1999.
Kindergarten heute, April 1999.
Kunst und Unterricht, Januar 1998.
Kunst und Unterricht, März 1998.
Kunst und Unterricht, Juni/August 1998.
Kunst und Unterricht, Januar 1999.
Welt des Kindes, Juni 1998.

Bildnachweis

S. 33: Camille Claudel, Die Schwätzerinnen, © VG Bild-Kunst, Bonn 1999 und Musée Rodin, Paris 2000
S. 57: Pablo Picasso, Äffin und ihr Junges, 1951, © VG Bild-Kunst, Bonn 1999
S. 73: Jean Tinguely, Zeichenmaschine „Meta-Matic", © VG Bild-Kunst, Bonn 1999
S. 87f: Niki de Sant Phalle, Nana und der Strawinskybrunnen, © VG Bild-Kunst, Bonn 1999
S. 101: Armand Arman Fernandez, Kannen, 1961, © VG Bild-Kunst, Bonn 1991
S. 111: Alberto Giacometti, Die Katze, 1951, © VG Bild-Kunst, Bonn 1991
S. 120: Christo und Jeanne Claude, Verhüllter Reichstag in Berlin 1971-1995, © Wolfgang Volz, Düsseldorf

JETZT KÖNNEN SIE WAS ERLEBEN!

90 Seiten,
s/w-Illustrationen,
ISBN 3-7698-1080-5

114 Seiten,
mit 7 Farbdias,
ISBN 3-7698-0701-4

144 Seiten,
mit farbigen Fotos,
ISBN 3-7698-1165-8

138 Seiten,
s/w-Illustrationen
und Fotos,
ISBN 3-7698-0811-8

Mit der Reihe „Kinder erleben ..." bekommen Sie vielfältigste Ideen, wie Sie Ihre Kinder an Malerei, Architektur und Literatur heranführen können. Bilder von Malern wie Picasso und Klee, Gedichte und Märchen von Schriftstellern wie Rilke, Heine und Wilde und architektonische Bauten von der Höhle bis zum Schloss sind Ausgangspunkte für spannende Entdeckungsreisen in die Welt der Kunst. Die daran anschließenden ganzheitlichen Angebote zum Musikmachen, Basteln, Spielen und Erforschen nehmen die Neugier und Offenheit von Kindern auf, schaffen spielerische Zugänge zu den Werken und vertiefen die Wahrnehmung.

Für Erzieherinnen und Eltern gibt es zu allen Künstlern und Kunstwerken die notwendigen Informationen, die in vereinfachter Form auch an die Kinder weitergegeben werden können.

Michelangelo
David und Der Atlant

aus dem Buch: Jakobine Wierz, Kinder erleben große Bildhauer, Don Bosco 2001

Camille Claudel
Die Schwätzerinnen

aus dem Buch: Jakobine Wierz, Kinder erleben große Bildhauer, Don Bosco 2001

Pablo Picasso
Pavian mit Jungem
© VG Bild-Kunst, Bonn 1999

aus dem Buch: Jakobine Wierz, Kinder erleben große Bildhauer, Don Bosco 2001

Jean Tinguely
Eine Zeichenmaschine

aus dem Buch: Jakobine Wierz, Kinder erleben große Bildhauer, Don Bosco 2001

Niki de Saint Phalle
Nana
© VG Bild-Kunst, Bonn 1999

aus dem Buch: Jakobine Wierz, Kinder erleben große Bildhauer, Don Bosco 2001

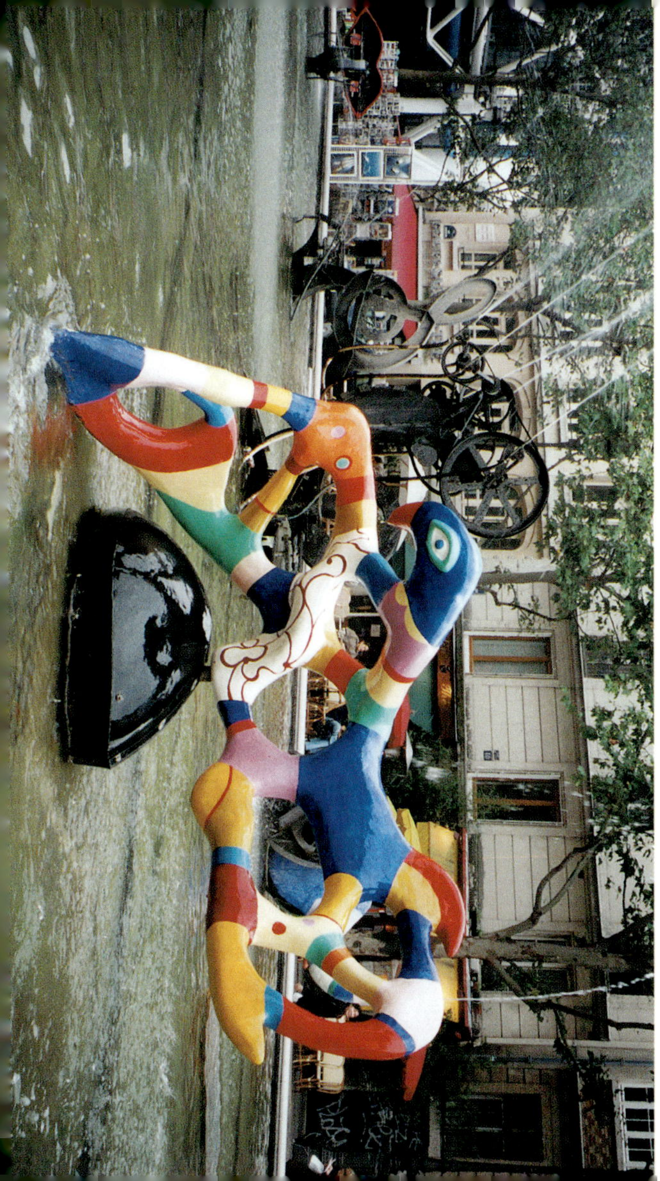

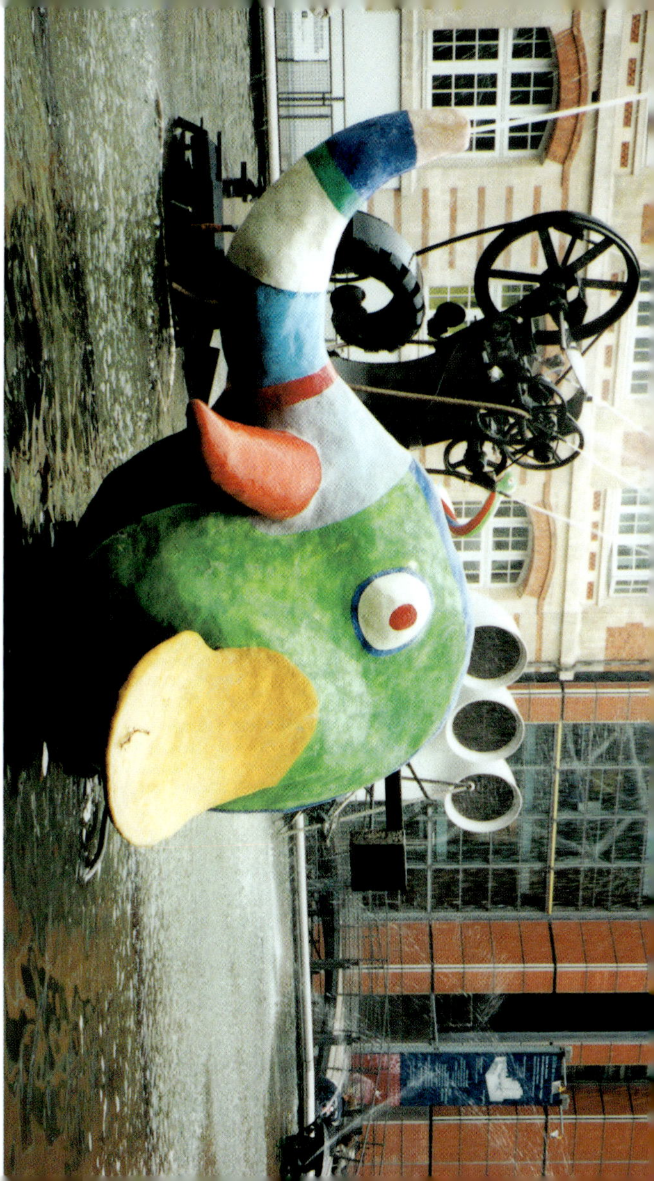

Niki de Saint Phalle
Strawinskybrunnen
© VG Bild-Kunst, Bonn 1999

aus dem Buch: Jakobine Wierz, Kinder erleben große Bildhauer, Don Bosco 2001

Arman Fernandez
Anhäufung von Kannen

aus dem Buch: Jakobine Wierz, Kinder erleben große Bildhauer, Don Bosco 2001

Alberto Giacometti

Die Katze

aus dem Buch: Jakobine Wierz, Kinder erleben große Bildhauer, Don Bosco 2001

Christo und Jeanne-Claude
Verhüllter Reichstag in Berlin
© Wolfgang Volz, Düsseldorf

aus dem Buch: Jakobine Wierz, Kinder erleben große Bildhauer, Don Bosco 2001